IM WELTALL

GEHT'S RUND

Was es zu entdecken gibt

Im WELTALL

GEHT'S RUND

Was es zu entdecken gibt

EDITION XXL

VORWORT

Das Universum hält viele Geheimnisse bereit. Um diese nach und nach zu lüften, erforschen Wissenschaftler und Astronauten die unendlichen Weiten des Weltalls. Sie führen Experimente durch, schicken Raumsonden zu Planeten oder arbeiten auf einer Forschungsstation, die sich mitten im All befindet. Hierbei haben sie schon eine Menge Entdeckungen gemacht.

Welche das sind, erfährst du in diesem Buch. Entdecke Wissenswertes über unser Sonnensystem, die Meilensteine der Raumfahrtgeschichte und darüber, wie man Astronaut wird.

Außerdem wartet ein kleines Experiment auf dich, bei dem du lernst, was bei der Ausdehnung des Weltraums passiert.

Hallo, wir sind Linus und Lilli. Wir begleiten dich durch dieses Buch und werden dir viele interessante Dinge erzählen. Unser außerirdischer Freund Juno hilft uns dabei.

INHALT

DAS WELTALL – WAS IST DAS?

Universum, Kosmos, All — das Weltall hat viele Namen. Im Grunde bezeichnet der Begriff „Weltall" alles, was existiert. Das bedeutet, dass damit neben der Erde auch alle anderen Planeten, Himmelskörper, Lebewesen, Licht und Zeit gemeint sind.

Unvorstellbar groß

Die Frage, wie groß das Universum genau ist, lässt sich nicht exakt beantworten. Der Grund dafür: Es wächst immer weiter und ist vielleicht sogar unendlich. Allein der sichtbare und messbare Teil des Universums hat einen Durchmesser von 93 Milliarden Lichtjahren. Das ist riesengroß, wenn man bedenkt, dass ein Lichtjahr schon mehr als neun Billionen (das ist eine 9 mit 12 Nullen) Kilometer lang ist.

Der Startschuss für das Universum, wie wir es heute kennen, war der Urknall: Dieser hat vor circa 14 Milliarden Jahren stattgefunden. Seit diesem Ereignis dehnt sich das Weltall stetig und schnell aus, sodass es bereits um das Millionenfache gewachsen ist. In der Folge ist auch der Abstand zwischen den Planeten, Sternen, Monden und Galaxien größer geworden und wird immer noch größer. Man kann sagen, dass das Weltall in ständiger Bewegung ist – und voller unentdeckter Geheimnisse steckt.

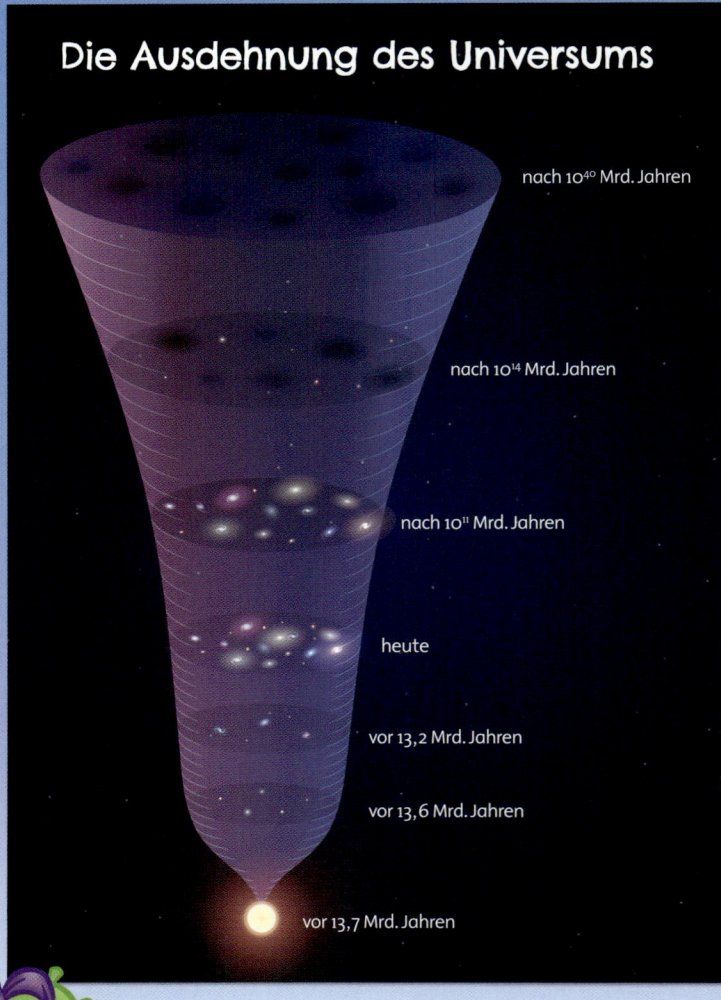

Die Ausdehnung des Universums

nach 10^{40} Mrd. Jahren

nach 10^{14} Mrd. Jahren

nach 10^{11} Mrd. Jahren

heute

vor 13,2 Mrd. Jahren

vor 13,6 Mrd. Jahren

vor 13,7 Mrd. Jahren

Wusstest du schon, dass fast jeden Tag neue Himmelskörper im All entdeckt werden?

Experiment:

Damit du dir die Ausdehnung des Universums besser vorstellen kannst, brauchst du nur einen Luftballon und einen Filzstift:

1. Zuerst malst du mit dem Filzstift Sterne auf den Luftballon.
2. Dann pustest du ihn wie gewohnt auf. Je größer er wird, umso mehr entfernen sich die Sterne voneinander. Genauso verhält es sich auch mit dem Weltall: Je mehr es sich ausdehnt, desto größer wird der Abstand zwischen den Himmelskörpern.

Mehr als wir sehen können

Die Sonne, den Mond und die Sterne können wir von der Erde aus gut erkennen. Doch das Weltall ist unendlich groß und besteht aus viel mehr als aus dem, was unsere Augen sehen können. Deshalb beobachten Wissenschaftler das All mit speziellen Ferngläsern, den Teleskopen. Um sich ein genaues Bild zu machen, schicken sie Raumsonden und sogar Menschen ins Weltall. Auf diese Weise wurden bisher schon viele weitere Planeten, Sterne oder Kometen entdeckt. Auch verschiedene Galaxien befinden sich im Weltall, das sind sozusagen Sammelplätze für Sterne.

Trotz modernster Technik wissen wir immer noch nicht alles über das Weltall. Wissenschaftler haben herausgefunden, dass es dort oben noch viel mehr geben muss – Dinge, die man nicht sehen oder messen kann. Man bezeichnet diesen Teil des Kosmos als „Dunkle Materie".

Von einer Sternwarte aus beobachtet man die Sterne. Man nennt sie auch Observatorium. Ein Teil der Kuppel kann geöffnet werden, sodass man mit dem Teleskop in den Himmel schauen kann.

DER URKNALL

Kaum zu glauben, aber das Weltall und alles, was sich darin befindet, hat sich praktisch aus dem Nichts gebildet. Hier erfährst du Näheres darüber, wie unser Universum entstanden ist.

Die Geburt des Universums

Die Entstehung des Universums verdanken wir einer Explosion unvorstellbaren Ausmaßes. Dieses Ereignis nennen die Wissenschaftler den „Urknall".

Alles begann mit einer Blase, die so klein war, dass wir es uns gar nicht vorstellen können. In dieser winzigen Blase herrschte eine unglaublich große Hitze, die sich plötzlich in einer Explosion entlud. Danach existierte zunächst nur eine extrem heiße Kugel, die aus Strahlungsenergie bestand.

Diese Kugel begann zu wachsen und sich immer weiter auszudehnen. Während dieses Prozesses kühlte ihre Oberfläche ab, sodass sich darauf Wasserstoff und Helium – die ersten Atome – bilden konnten. Aus ihnen haben sich dann die ersten Sterne entwickelt und es entstanden weitere chemische Elemente, wie z. B. Kohlenstoff und Sauerstoff. Auf diese Weise hat sich nach und nach die Materie des Weltalls gebildet.

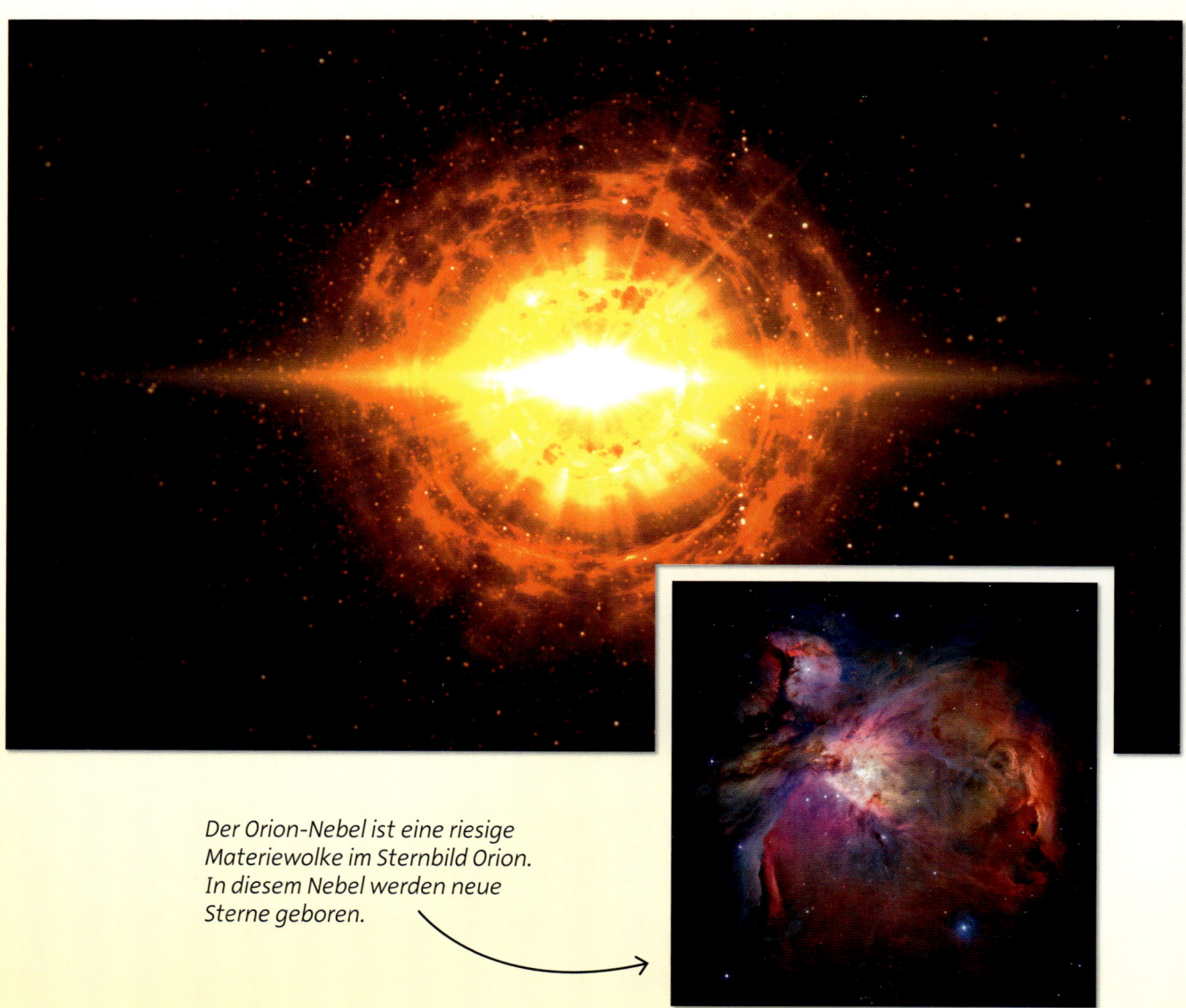

Der Orion-Nebel ist eine riesige Materiewolke im Sternbild Orion. In diesem Nebel werden neue Sterne geboren.

Die Sonne geht auf

Die meisten der entstandenen Sterne explodierten nach einiger Zeit und hinterließen dabei Sternenstaub und eine Gaswolke. Durch die Schwerkraft, die auf die Überreste der Sterne einwirkte, verdichtete sich ihre Struktur und sie fingen an, immer schneller zu rotieren, bis ihre Masse verklumpte. Auf diese Weise konnten sich aus ihrer Oberfläche wieder neue Sterne bilden. Aus einem dieser verklumpten Überreste ist auch unsere Sonne entstanden. Sie zog immer mehr Masse an, wodurch sie immer größer wurde. In ihrem Inneren bildete sie anschließend einen heißen Kern, der die Erde bis heute mit Licht und Wärme versorgt.

Wusstest du schon, dass unser Universum ungefähr 14 Milliarden Jahre alt ist?

Aus Brocken werden Planeten

Nachdem Sterne und die Sonne entstanden waren, war es noch lange nicht vorbei mit der Ausdehnung des Universums. Um die Sonne herum entstand eine Scheibe aus Gas und Staub. Die Staubteilchen verklumpten unter dem Einfluss verschiedener Gase und chemischer Elemente, sodass Brocken entstanden. Die größeren Brocken zogen kleinere Brocken an, verbanden sich mit ihnen und wurden so immer größer. Daraus wurden kugelige Gebilde: Sie sind das, was wir heute Planeten nennen. Nahe bei der Sonne sind so die Gesteinsplaneten aus schweren Elementen wie Eisen oder Kohlenstoff entstanden. Zu ihnen gehört auch die Erde. Weiter von der Sonne entfernt entwickelten sich die Gasplaneten, wie Jupiter, Saturn und Uranus.

DAS SONNENSYSTEM

Seit circa 4,5 Milliarden Jahren existiert das Sonnensystem schon. Es heißt so, weil die Sonne sein Zentrum bildet. Auf großen Bahnen bewegen sich die Erde, sieben weitere Planeten und viele kleine Gestirne um die Sonne. Werfen wir doch mal einen Blick auf das Sonnensystem und unsere Nachbarplaneten.

Wusstest du schon, dass dir der Satz „Mein Vater erklärt mir jeden Sonntag unseren Nachthimmel" hilft, dir die Reihenfolge der Planeten zu merken?

Sonne

Merkur

Venus

Erde

Der **Merkur** ist der Sonne am nächsten und erreicht Temperaturen von 430 °C. Mit vielen Kratern ähnelt seine Oberfläche stark der unseres Mondes.

Die Oberfläche der **Venus** besteht aus erkalteter Lava. Außerdem ist sie von einer giftigen Wolkenschicht umgeben.

Die **Erde** umkreist die Sonne in einem Jahr. Die Atmosphäre, eine schützende Gashülle, und Wasserquellen machen diesen Planeten besonders.

Der **Mars** wird auch roter Planet genannt. Seine Farbe erhält er durch Roststaub, der sich auf seiner Gesteinsoberfläche befindet.

Wo befindet sich das Sonnensystem?

Das Sonnensystem befindet sich in unserer Heimatgalaxie, der Milchstraße. Das ist eine Art riesiger Strudel, der aus Milliarden von Sternen, Staub und Gas besteht. Schaut man während einer klaren Nacht in den Himmel, kann man die Milchstraße sogar von der Erde aus sehen. Sie sieht aus wie ein helles Band, das sich über den Himmel erstreckt. Ihren Namen hat die Milchstraße von den alten Griechen. Diese glaubten, die Götter hätten Milch im Himmel verschüttet und nannten dieses Gebilde *Galaxis*, was *Milch* bedeutet.

Aufbau des Sonnensystems

Die Sonne als Mittelpunkt des Sonnensystems zieht die anderen Planeten in ihre Umlaufbahn. Das liegt an der Schwerkraft. Auf der Erde zieht diese alle Gegenstände Richtung Boden, z. B. wenn dir ein Stift vom Schreibtisch rollt. Aber warum fallen die Planeten dann nicht vom Himmel? Die Sonne übt eine so starke Anziehungskraft auf die Planeten aus, dass sie gar nicht anders können, als sie zu umkreisen.

Mars

Jupiter

Saturn

Uranus

Neptun

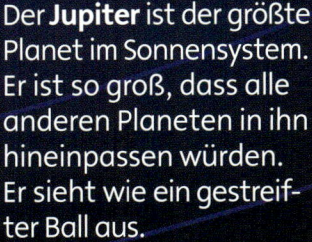

Der **Jupiter** ist der größte Planet im Sonnensystem. Er ist so groß, dass alle anderen Planeten in ihn hineinpassen würden. Er sieht wie ein gestreifter Ball aus.

Den **Saturn** erkennt man sofort an seinen Ringen. Diese entstehen durch Eis- und Gesteinsbrocken, die ihn umgeben.

Der **Uranus** ist bekannt für seine typische blaue Farbe: Das Gas in seiner Atmosphäre leuchtet blau, sobald die Sonne es anstrahlt.

Der **Neptun** ist am weitesten von der Sonne entfernt. Genau wie beim Uranus besteht auch seine Atmosphäre aus Methan, Wasserstoff und Helium.

DIE SONNE

Die Sonne ist ein sehr heller und heißer Stern, der alle anderen Sterne überstrahlt. Aus diesem Grund können wir bei Tag auch keine Sterne am Himmel sehen. Obwohl die Sonne ungefähr 150 Millionen Kilometer von der Erde entfernt ist, ist sie der der Erde am nächsten gelegene Stern. Deshalb können Wissenschaftler die Sonne recht gut erforschen.

Protuberanz
Konvektionszone
Strahlungszone
Kern
Photosphäre
Chromosphäre

Art	mittelgroßer Stern
Durchmesser	ca. 1 392 500 km
Alter	ca. 4,6 Mrd. Jahre
Entfernung zur Erde	ca. 150 Mio. km
Drehung um sich selbst	ca. 25 Tage
Temperatur innen	ca. 15 600 000 °C
Temperatur außen	ca. 5500 °C

Die Sonnenenergie

Die Sonne ist eine riesige Kugel, die aus Gasen besteht. In ihrem Inneren baut sich ein gewaltiger Druck auf und ihr Kern produziert eine unglaubliche Hitze – bis zu mehr als 15 Mio. °C. Auf ihrer Oberfläche ist die Sonne etwa 5500 °C heiß. Dadurch entwickelt sich in der Sonne immer wieder Energie, die sich als Wärme, Licht oder andere Strahlung im Weltall entlädt. Diese Sonnenenergie besteht seit Milliarden von Jahren und ist noch lange nicht aufgebraucht. Dass die Sonne bald aufhört zu scheinen, müssen wir also nicht befürchten.

Die Sonnenflecken sind etwa 1000 Grad kälter als die restliche Oberfläche. Manche Flecken tauchen nur kurz auf, andere sind für einen längeren Zeitraum sichtbar.

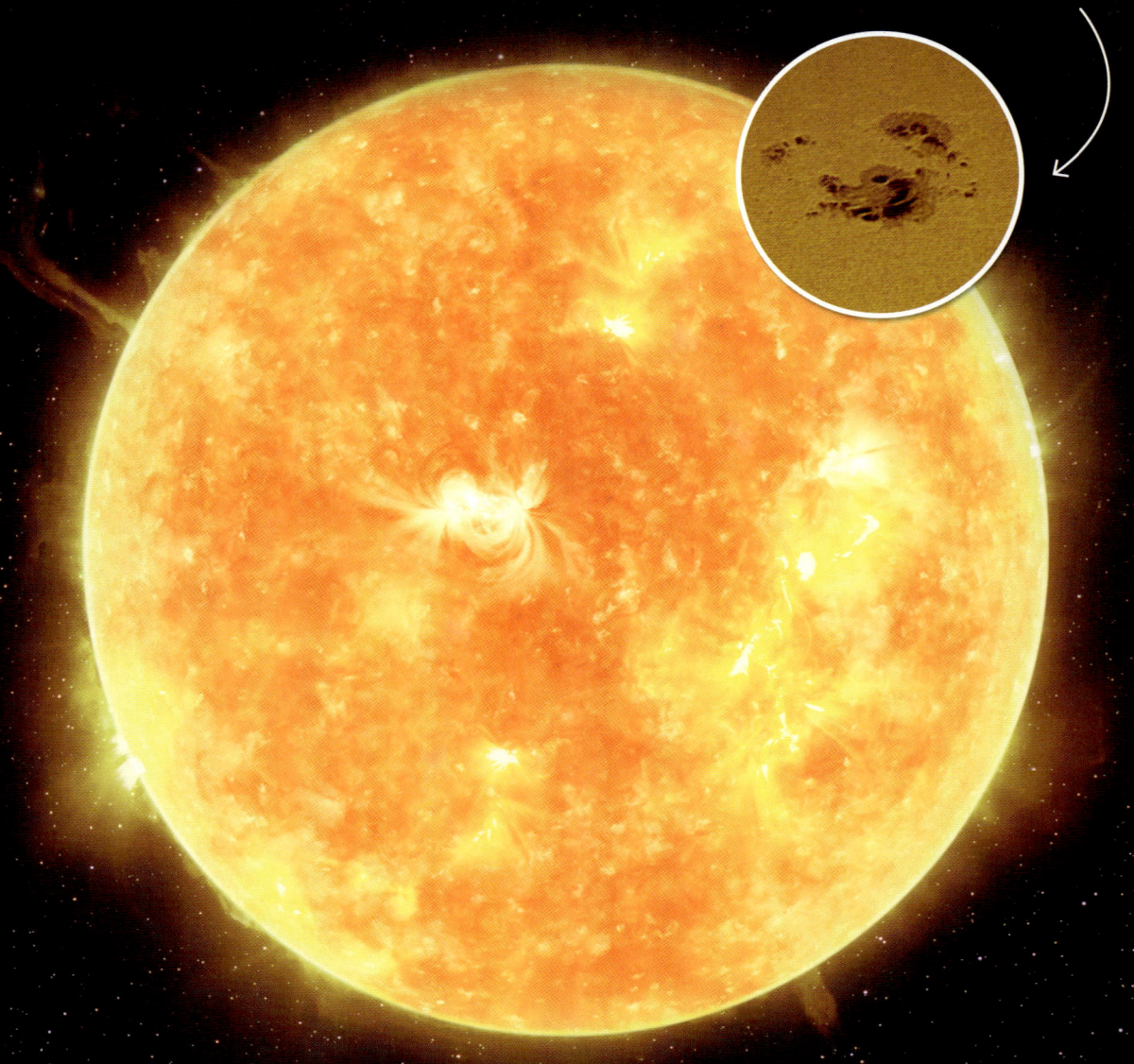

Was passiert auf der Sonne?

Mit speziellen Raumsonden können Wissenschaftler die Sonne beobachten. Diese Raumsonden sind mit leistungsstarken Kameras ausgestattet, die Bilder vom Zustand auf der Sonne machen. Mithilfe dieser Bilder können die Wissenschaftler die Oberfläche der Sonne untersuchen. Dabei haben sie bereits dunkle Stellen, die Sonnenflecken, entdeckt. Die Raumsonden machen aber nicht nur Bilder. Sie informieren die Wissenschaftler über Funk auch über die Situation auf der Sonne. Das musst du dir wie eine Art Wetterbericht vorstellen. Manchmal gehen Gasstürme von der Sonne aus und diese stellen eine große Gefahr für Satelliten und Astronauten dar. Deshalb ist es wichtig zu wissen, was auf der Sonne passiert.

Tag und Nacht

Hast du dich schon einmal gefragt, warum es nachts dunkel wird? Das ist ganz einfach: Die Erde dreht sich jeden Tag einmal um sich selbst. Währenddessen ist immer nur eine bestimmte Seite der Sonne zugewandt. Auf dieser Seite ist es Tag. Auf der Seite, die von der Sonne weg zeigt, ist es Nacht.

Wusstest du schon, dass die Erde mehr als eine Million Mal in die Sonne passen würde?

Wenn sich die Sonne verdunkelt

Bei einer „Sonnenfinsternis" schiebt sich der Mond in einer bestimmten Position vor die Sonne und verdunkelt sie. Wenn das passiert, erscheint der Mond als große schwarze Scheibe und die Sonne bildet einen Lichtkranz um ihn herum, den man Korona nennt. Dieses Phänomen kann man mindestens zweimal im Jahr erleben. Aber Achtung: Man darf es sich nur mit Schutzbrille ansehen!

DER MERKUR

Als erster Planet im Sonnensystem befindet sich der Merkur am nächsten zur Sonne. Das helle Licht der Sonne und die Tatsache, dass der Merkur der kleinste der acht Planeten ist, machen es sehr schwer, ihn von der Erde aus zu beobachten. Erst nach Sonnenuntergang haben Wissenschaftler für ein paar Stunden die Chance, den Merkur zu erforschen.

Eine Kraterlandschaft

Der Merkur hat eine felsige Struktur und seine Oberfläche ist, ähnlich wie beim Mond, mit Kratern übersät. Diese stammen von Meteoriteneinschlägen. Außerdem gibt es auf dem Merkur keine Atmosphäre und wahrscheinlich kein flüssiges Wasser, sodass der Planet keine Wärme abgeben kann. Steht die Sonne am höchsten, kann sich der Merkur deshalb auf bis zu 430 °C aufheizen. Da seine Temperatur nachts auf bis zu −180 °C sinken kann, vermutet man, dass sich in den polnahen Kratern Wassereis bildet. An dieser Stelle sind die Krater nämlich vor der Sonnenstrahlung geschützt.

Der Götterbote des Weltalls

Da der Merkur sich schnell wie ein Blitz um die Sonne bewegt – er braucht dafür nur 88 Tage – hat man ihn nach dem Götterboten der römischen Mythologie, *Mercurius*, benannt. Dieser war mit seinem Flügelhelm und seinen geflügelten Schuhen nämlich auch sehr flink unterwegs.

Wusstest du schon, dass knapp die Hälfte der Oberfläche des Merkurs fotografisch erfasst ist?

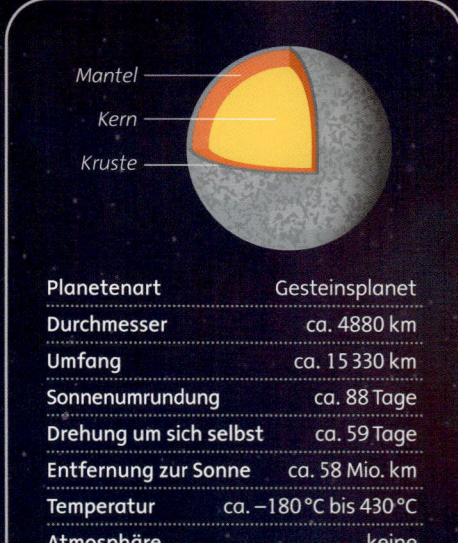

Mantel
Kern
Kruste

Planetenart	Gesteinsplanet
Durchmesser	ca. 4880 km
Umfang	ca. 15 330 km
Sonnenumrundung	ca. 88 Tage
Drehung um sich selbst	ca. 59 Tage
Entfernung zur Sonne	ca. 58 Mio. km
Temperatur	ca. −180 °C bis 430 °C
Atmosphäre	keine

DIE VENUS

Als zweiter Planet im Sonnensystem befindet sich die Venus, genau wie der Merkur, sehr nah bei der Sonne. Außerdem ist sie der dritthellste Himmelskörper am Firmament. Das liegt daran, dass die Venus von einer Wolkenhülle aus Schwefel und Schwefelsäure verschleiert wird, die das helle Sonnenlicht reflektiert.

Mantel
Kern
Kruste
Atmosphäre

Planetenart	Gesteinsplanet
Durchmesser	ca. 12 104 km
Umfang	ca. 38 025 km
Sonnenumrundung	ca. 225 Tage
Drehung um sich selbst	ca. 243 Tage
Entfernung zur Sonne	ca. 108 Mio. km
Temperatur	ca. 465 °C
Atmosphäre	95 % Kohlendioxid

Die giftige Zwillingsschwester

Betrachtet man die Größe und die Beschaffenheit der Venus, ist sie unserem Heimatplaneten, der Erde, ziemlich ähnlich – wäre da nicht ihre Atmosphäre. Die besteht hauptsächlich aus Kohlendioxid. Hierbei handelt es sich um das Gas, das Menschen beim Ausatmen produzieren. In großen Mengen ist Kohlendioxid für Menschen giftig.

Die Berglandschaft des Weltalls

Dank Radargeräten konnten Wissenschaftler herausfinden, dass die Oberfläche der Venus einem Gebirge gleicht. Auf dem orangefarbenen, felsigen Planeten sind manche Berge sogar höher als der fast 9000 m hohe Mount Everest. Auch viele Vulkane und Einschlagskrater gibt es hier. Obwohl die Forscher bereits viele Raumsonden zur Venus geschickt haben, wissen wir noch lange nicht alles über die Situation auf diesem Planeten.

Viel zu heiß!

Da sich die dichte Atmosphäre auf der Venus wie eine gasförmige Decke um den Planeten legt, entsteht eine Art Treibhauseffekt. Das bedeutet, dass sich unter der Atmosphärendecke die Hitze staut. So erreicht die Venus eine Durchschnittstemperatur von bis zu 465 °C – das ist so heiß, dass auf der Venus Blei schmelzen würde. Ohne speziellen Schutz wären der hohe Luftdruck, die erstickende Atmosphäre und die extreme Hitze für einen Besucher tödlich.

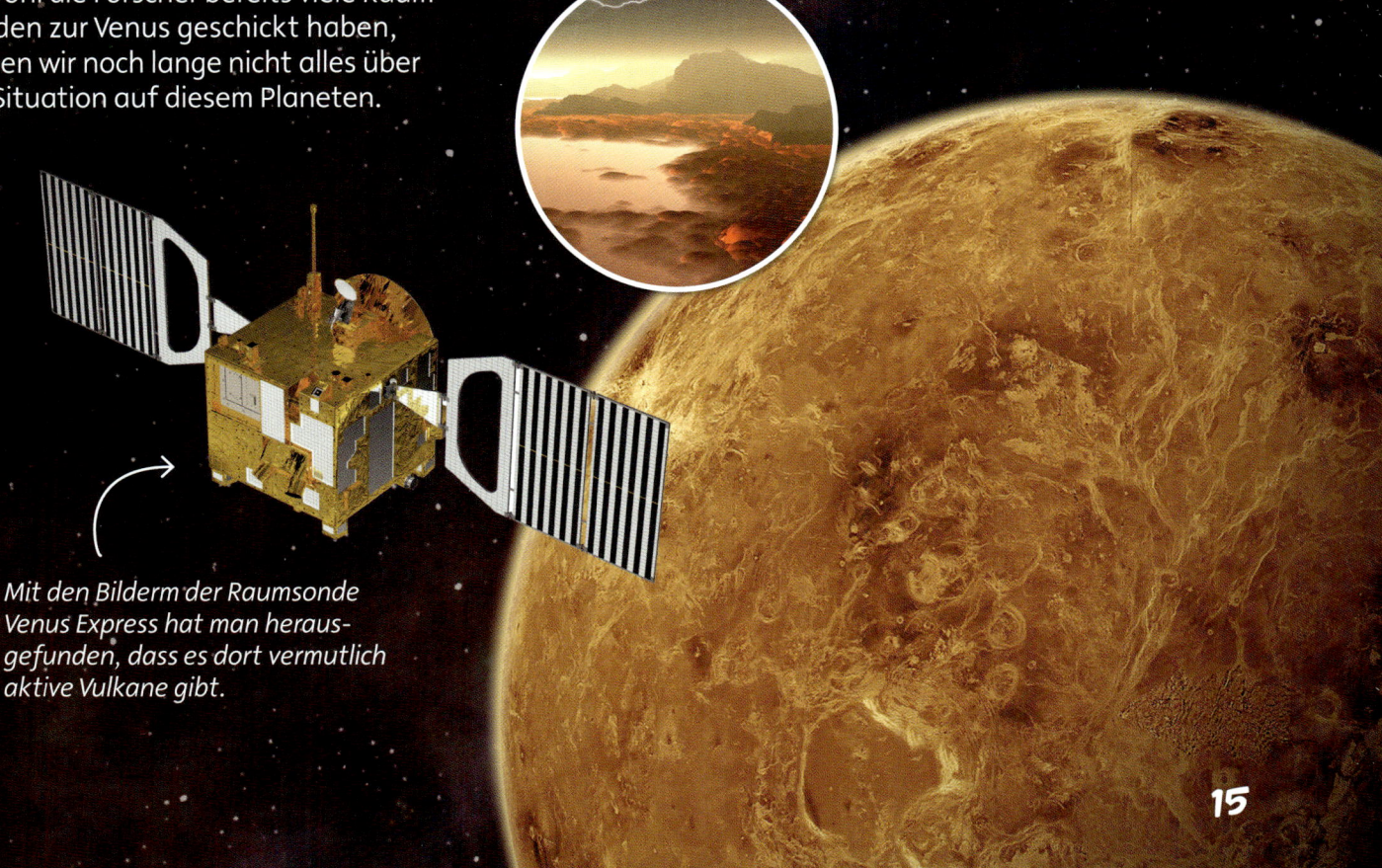

Mit den Bilderm der Raumsonde Venus Express hat man herausgefunden, dass es dort vermutlich aktive Vulkane gibt.

DIE ERDE

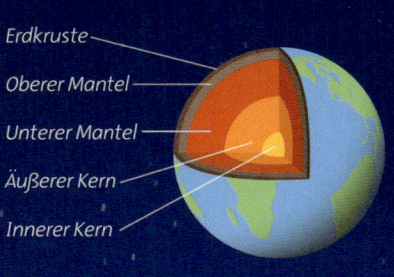

Erdkruste
Oberer Mantel
Unterer Mantel
Äußerer Kern
Innerer Kern

Was die Erde einzigartig macht, ist die Tatsache, dass sie als einziger Planet unseres Sonnensystems die Voraussetzungen für die Entstehung von Leben erfüllt. Schauen wir uns doch mal an, was unser Heimatplanet sonst noch zu bieten hat.

Planetenart	Gesteinsplanet
Durchmesser	ca. 12 750 km
Umfang	ca. 40 075 km
Sonnenumrundung	ca. 365 Tage
Drehung um sich selbst	ca. 24 Stunden
Entfernung zur Sonne	ca. 150 Mio. km
Temperatur	ca. −89 °C bis 58 °C
Atmosphäre	Stickstoff, Sauerstoff, Wasser und Kohlendioxid

Wasser, wohin man sieht

Die Erdoberfläche besteht zu über 70 % aus Wasser. Keiner der anderen Planeten im Sonnensystem besitzt derartige Wasserquellen. Kein Wunder also, dass man die Erde als Wasserplanet bezeichnet. Zum einen sind das Regen und Schnee, zum anderen gibt es auf der Erde viele Gewässer wie Seen, Flüsse, Bäche und Meere. Das Eis und die Gletscher am Nord- und Südpol dienen ebenfalls als Quelle und auch die Erdatmosphäre enthält einen großen Anteil an Wasser.

Warum uns auf der Erde nicht schwindelig wird

Die Erde saust mit einem enormen Tempo um die Sonne, nämlich mit 30 km in der Sekunde – und das auch noch in Schräglage. Da sich aber alles um uns herum in der gleichen Geschwindigkeit bewegt wie wir, wird uns nicht schwindelig. Das erkennst du daran, wie langsam sich Sonne, Mond und Sterne am Himmel fortbewegen – zumindest scheint es so. Tatsächlich bewegt sich die Erde ganz schnell an Sonne, Mond und Sternen vorbei.

Leider sorgt die stetige Umweltverschmutzung für einen zu hohen CO_2-Ausstoß und der greift unsere Schutzhülle an. Deshalb wird es immer wichtiger, nachhaltig zu leben. Das bedeutet vor allem, weniger Müll zu produzieren und Abgase zu verringern. Hierbei kann jeder helfen – auch du!

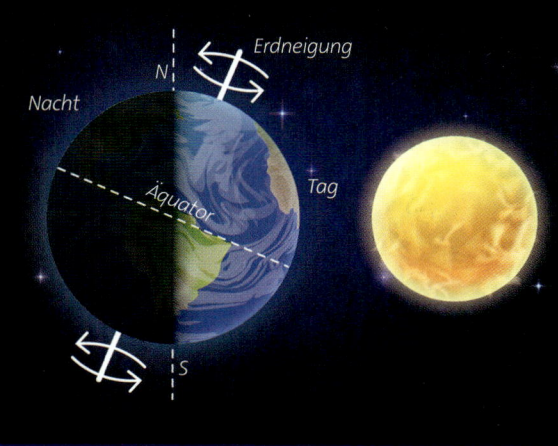

Leben und Überleben

Dass die Erdatmosphäre Sauerstoff enthält, ist der Grund dafür, dass wir hier überhaupt atmen können. Die Ozonschicht, eine spezielle Form des Sauerstoffs, bildet eine Schutzhülle um die Erde. Sie schirmt uns vor ultravioletter Strahlung ab. Ein Magnetfeld bildet einen weiteren Schutz. Es leitet kosmische Strahlung, die sonst tödlich wäre, um den Planeten herum. Außerdem ist es die Schrägstellung der Erde, der wir unsere Jahreszeiten verdanken: Steht der Nordpol in Richtung Sonne, ist in den nördlichen Ländern Sommer, im Süden herrscht dann Winter und umgekehrt. Dieser Wechsel zwischen den Jahreszeiten und damit des Klimas spielt eine wichtige Rolle bei der Entwicklung von Leben auf der Erde.

Wusstest du schon, dass die „Brücke zwischen den Kontinenten" in Island zwei Platten miteinander verbindet?

Ein ganz besonderer Planet

Eine weitere Besonderheit ist die einzigartige Gesteinshülle. Sie besteht aus mehreren beweglichen Platten und ist circa 100 km dick. Wenn sich diese Platten berühren oder verschieben, sorgt das für Erdbeben oder Vulkanausbrüche. Kommt es zu einem Zusammenstoß, entstehen große Gebirgsketten wie die Alpen. Mit ihrer idealen Entfernung zur Sonne befindet sich die Erde an einer Stelle, die weder zu heiß noch zu kalt ist. Das ist auch der Grund dafür, dass es auf der Erde flüssiges Wasser gibt. Es verdampft nicht komplett und friert nicht überall ein.

Lebendige Welten

Auf der gesamten Erde existiert eine Vielfalt an Lebensräumen, in denen sich viele verschiedene Tier- und Pflanzenarten entwickelt und an ihre spezielle Umgebung angepasst haben.

DER MARS

Als roter Planet bekannt, reiht sich der Mars an vierter Stelle in unser Sonnensystem ein. Seine Rotfärbung erhält er durch Rost im Marsgestein. Was den leuchtenden Planeten sonst noch ausmacht, schauen wir uns hier an.

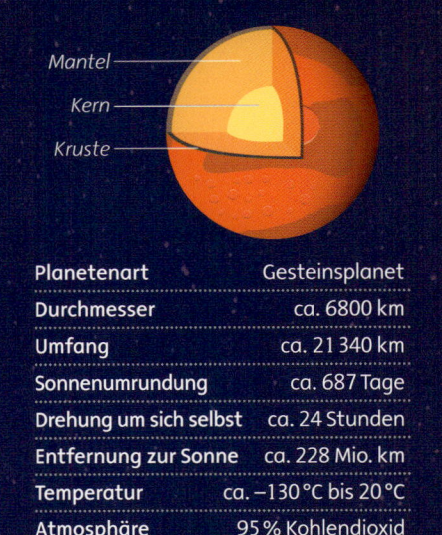

Planetenart	Gesteinsplanet
Durchmesser	ca. 6800 km
Umfang	ca. 21 340 km
Sonnenumrundung	ca. 687 Tage
Drehung um sich selbst	ca. 24 Stunden
Entfernung zur Sonne	ca. 228 Mio. km
Temperatur	ca. −130 °C bis 20 °C
Atmosphäre	95 % Kohlendioxid

Nicht nur rostig, sondern auch frostig

Da der Mars weiter von der Sonne entfernt ist als die Erde, kann es dort ganz schön kalt werden. Durchschnittlich herrscht eine Temperatur von −55 °C, das ist ungefähr so kalt wie in der Antarktis. Die Luft auf dem Mars ist ziemlich dünn, da sie hauptsächlich aus Kohlendioxid besteht. Das bedeutet, dass man die Oberfläche nur mit Sauerstoffmasken und speziellen Schutzanzügen betreten kann. Zudem entstehen immer wieder heftige Stürme, die die Oberfläche des Mars aufwirbeln. Wenn das passiert, fällt es Weltraumforschern schwer, den Planeten zu beobachten und zu untersuchen.

Die Marslandschaft

Abgesehen von rostroten Sanddünen besteht die Oberfläche des Planeten Mars zu einem großen Teil aus einer Vulkanlandschaft. Hierzu gehört auch der größte Vulkan unseres Sonnensystems, der Olympus Mons – allerdings ist nicht klar, ob er noch aktiv ist. Eine der größten Grabenlandschaften des Sonnensystems ist ebenfalls hier zu finden – die Valles Marineris.

Der Mars besitzt an beiden Polen dauerhafte Eiskappen. Im Winter sind sie größer als im Sommer.

Phobos

Deimos

Um den Mars kreisen die beiden Monde Phobos und Deimos. Aus der Nähe betrachtet wirken sie wie riesige Kartoffeln mit Dellen.

Gemeinsamkeiten mit der Erde

Der Mars ist der Erde ähnlicher als man vielleicht denkt. Ein Tag dauert hier beispielsweise nur 41 Minuten länger als auf der Erde. Er dreht sich ebenso in Schräglage um seine eigene Achse, sodass es auch auf diesem Planeten einen Jahreszeitenwechsel gibt. Eine weitere Gemeinsamkeit sind die vereisten Polkappen, die neben Wasser zu einem großen Teil aus gefrorenem Kohlendioxid – auch als Trockeneis bekannt – bestehen. Flüssige Wasserquellen gibt es hier allerdings nicht.

Mars-Rover

Leben auf dem Mars

Es wird oft über die Wahrscheinlichkeit von Leben auf dem Mars gesprochen, manchmal sogar über die Existenz von Außerirdischen. Allerdings konnte man bisher weder Tiere noch Menschen und schon gar keine Aliens dort entdecken. Es besteht aber die Möglichkeit, dass sich in der Vergangenheit Mikroorganismen, wie z. B. Bakterien, auf dem Mars entwickelt haben. Um das herauszufinden, suchen Wissenschaftler die Marsoberfläche regelmäßig mit Marssonden, wie dem Mars Express oder dem Mars-Rover, ab. Wer weiß, vielleicht finden sie irgendwann einen Beweis dafür, dass es doch Leben auf dem Mars gibt.

Wusstest du schon, dass der Mars nach dem gleichnamigen römischen Kriegsgott benannt ist?

Mars Express

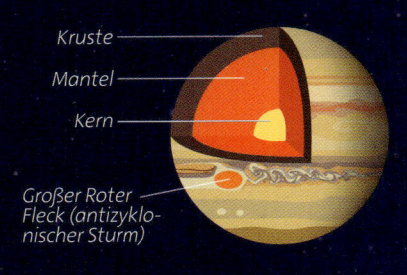

Kruste	
Mantel	
Kern	
Großer Roter Fleck (antizyklonischer Sturm)	

Planetenart	Gasplanet
Durchmesser	ca. 143 000 km
Umfang	ca. 439 000 km
Sonnenumrundung	ca. 12 Jahre
Drehung um sich selbst	ca. 10 Stunden
Entfernung zur Sonne	ca. 778 Mio. km
Temperatur	bis −145 °C
Atmosphäre	Wasserstoff, Helium, Ammoniak und Methan

DER JUPITER

Dieser Planet ist der fünfte und zugleich der größte und schwerste in unserem Sonnensystem. Benannt ist er nach dem römischen Hauptgott Jupiter. Beobachtet man ihn durch ein Teleskop, wirkt er wie ein gestreifter Riesenball.

Die Situation auf dem Riesenplaneten

Sein gestreiftes Aussehen verdankt der Jupiter seiner Atmosphäre. Diese besteht aus den Gasen Wasserstoff und Helium und legt sich wie eine wolkenartige Hülle um den gesamten Planeten. Durch chemische Reaktionen entstehen hellere und dunklere Stellen in dieser Hülle, sodass die Oberfläche streifenartig wirkt. Ein hoher Luftdruck und die dichte Atmosphäre machen die Entwicklung von Leben auch auf dem Jupiter unmöglich. Von ihm geht außerdem eine sehr starke Strahlung aus, die tödlich ist.

Der Jupiter ist sehr viel weiter von der Sonne entfernt als die Erde, deshalb herrscht auf seiner Oberfläche eine wesentlich niedrigere Temperatur von bis zu −150 °C. Da er ein Gasplanet ist, bietet er im Grunde keine feste Oberfläche. Deshalb können Raumsonden nicht auf ihm landen, sie können ihn nur von außen beobachten. Das erschwert es den Wissenschaftlern, die genaue Situation auf dem Jupiter zu erforschen.

Wusstest du schon, dass bisher 79 Monde entdeckt wurden, die den Jupiter umkreisen?

Die Raumsonde „Juno" erhält den benötigten Strom durch Solarzellen.

Kallisto ist der kraterreichste Mond in unserem Sonnensystem.

Die weißen Wolkenbänder bezeichnet man als „Zonen".

Die rotbraunen Bänder bezeichnet man als „Gürtel".

Ganymed ist der größte Mond im Sonnensystem und sogar größer als der Planet Merkur.

Kleiner Roter Fleck

Großer Roter Fleck

Roter Fleck Junior

Aufnahme der Roten Flecke mit dem Hubble-Weltraumteleskop

Auf Io gibt es die meisten Vulkane im Sonnensystem – ca. 300 Stück – und viele sind sehr aktiv.

Europa ist bedeckt von einer dicken Eiskruste, darunter liegt wahrscheinlich ein riesiger Salzwasserozean – der größte des Sonnensystems.

Der Jupiter und seine Monde

Der Jupiter besitzt die vier größten Monde im Sonnensystem: Ganymed, Kallisto, Io und Europa. Man bezeichnet sie auch als Galileische Monde, weil sie der Astronom Galileo Galilei 1610 entdeckt hat. Sie sind so hell, dass man sie mit einem Fernglas beobachten kann. Mit Hilfe von Raumsonden fanden Wissenschaftler außerdem Ringe um den Jupiter herum. Diese bestehen aus einer sehr dünnen und dunklen Staubschicht. Ein weiteres Merkmal ist der Große Rote Fleck. Es handelt sich um einen riesigen Wirbelsturm, der schon seit mehr als 350 Jahren auf dem Planeten tobt.

Titan ist der einzige Mond, der eine dicke Atmosphäre besitzt. Das ist normalerweise ein Merkmal von Planeten.

DER SATURN

An Position sechs in unserem Sonnensystem befindet sich der Saturn. Besonderes Merkmal des Gasplaneten sind seine auffälligen Ringe, die man mit einem Teleskop sogar von der Erde aus sehen kann. Mit einem steinernen Kern, der von einer dichten Atmosphäre aus Helium und Wasserstoff umgeben ist, empfiehlt sich der Saturn – genau wie der Jupiter – nicht als Landestation zum Forschen.

Schwer und leicht zugleich

Der Saturn ist der zweitgrößte Planet unseres Sonnensystems. Er ist über 700-mal größer als die Erde, wiegt aber nur 95-mal so viel, da die Masse des Saturn zum größten Teil aus leichten Gasen und einem kleinen Gesteinskern besteht. Würde man einen entsprechend großen See finden, könnte der Saturn darin schwimmen! Obwohl er riesengroß ist, dreht sich der Saturn sehr schnell um sich selbst. Hierfür benötigt er nur etwas länger als zehn Stunden. Diese schnelle Rotationsbewegung sorgt dafür, dass der Planet nach außen gezogen wird. Deshalb wirkt er wie ein Ball, den man von oben und unten zusammendrückt.

Die Sonde Cassini-Huygens benötigte sieben Jahre, um den Saturn zu erreichen (1997–2004).

Gasförmige Atmosphäre	
Molekularer Wasserstoff	
Eis	
Metallischer Wasserstoff	
	Gesteins-kern

Planetenart	Gasplanet
Durchmesser	ca. 120 500 km
Umfang	ca. 378 700 km
Sonnenumrundung	ca. 29,5 Jahre
Drehung um sich selbst	ca. 10 Stunden
Entfernung zur Sonne	ca. 1430 Mio. km
Temperatur	ca. −139 °C
Atmosphäre	Wasserstoff und Helium

Wusstest du schon, dass der Saturn so leicht ist, dass er in einem ausreichend großen See schwimmen würde?

Informationen aus nächster Nähe

Dank der Cassini-Huygens-Mission wissen wir einiges über den Saturn. Die Raumsonde Cassini begab sich im Sommer 2004 in die Umlaufbahn des Ringplaneten, an ihrer Seite die Landungssonde Huygens. Beide sendeten Informationen über die Saturnmonde sowie Detailaufnahmen und weitere interessante Daten an die Erde. Dort wurden sie von Wissenschaftlern ausgewertet. Nachdem die Sonde ihren Treibstoff aufgebraucht hatte, ließ man sie in der Atmosphäre des Saturn verglühen. So wurde verhindert, dass die Raumsonde unkontrolliert durch den Weltraum fliegt und dabei eventuell mit einem der Saturnmonde zusammenstößt.

Die Monde und Ringe

Die gelbliche Atmosphäre des Saturn kann man durch ein Teleskop gut erkennen. Ähnlich wie der Jupiter, weist die Atmosphäre hellere und dunklere Streifen auf. Sie besteht aus Gasen und bietet somit keine feste Oberfläche. Um diese Gashülle herum befindet sich ein großes Ringsystem aus Gesteins- und Eisteilchen sowie Staub. Diese Teilchen können so klein wie ein Kieselstein, aber auch so groß wie ein Haus sein. Auch eine Menge Monde umkreisen den Saturn. Einige von ihnen befinden sich mitten im Ringsystem und sorgen dafür, dass die Ringe ihre Position beibehalten. Aus diesem Grund nennt man sie auch Hirten- oder Schäfermonde. Mit einem Durchmesser von über 5000 Kilometern ist der orangefarbene Eismond Titan der größte von ihnen.

DER URANUS

Der siebte Planet in unserem Sonnensystem ist der Uranus.
Er ist als Einziger nicht nach einem römischen, sondern nach
einem griechischen Gott benannt: dem Himmelsgott *Uranos*.
Seine Lage zur Umlaufbahn der Sonne ist extrem schräg –
er wirkt im Vergleich zu den anderen Planeten regelrecht
umgekippt. Extreme Jahreszeiten sind die Folge.

Äußere Atmosphäre
Atmosphäre
Mantel
Kern

Planetenart	Gasplanet
Durchmesser	ca. 51 000 km
Umfang	ca. 160 600 km
Sonnenumrundung	ca. 84 Jahre
Drehung um sich selbst	ca. 17 Stunden
Entfernung zur Sonne	ca. 2870 Mio. km
Temperatur	ca. −200 °C
Atmosphäre	Wasserstoff, Helium und Methan

Wusstest du schon,
dass man den Uranus
aufgrund von Eis im Inneren
und der niedrigen Oberflächen-
temperatur auch als
Eisriesen bezeichnet?

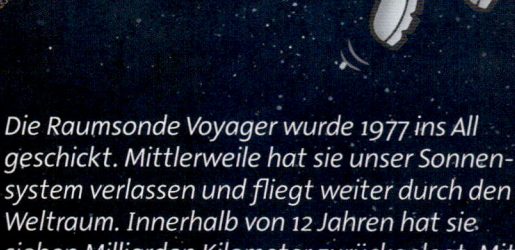

*Die Raumsonde Voyager wurde 1977 ins All
geschickt. Mittlerweile hat sie unser Sonnensystem verlassen und fliegt weiter durch den
Weltraum. Innerhalb von 12 Jahren hat sie
sieben Milliarden Kilometer zurückgelegt. Mit
dem Auto bräuchtest du dafür 8000 Jahre.*

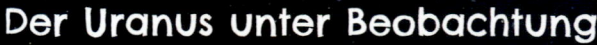

Der Uranus unter Beobachtung

Dank der NASA-Raumsonde Voyager 2 erhielt man Ende der
80er-Jahre auch Informationen zum Uranus. Sie ist die einzige
Raumsonde, die den Planeten besucht hat. Während ihrer
Mission machte sie viele Aufnahmen des Planeten und über-
mittelte diese an die Erde. Hierbei wurden seine Staubringe
sowie bis zu diesem Zeitpunkt unbekannte Uranusmonde
entdeckt – mittlerweile wissen wir von 27. Dass auch groß-
flächige Stürme auf dem Uranus toben, konnte man erst mithilfe des Hubble-Weltraumteleskops herausfinden.

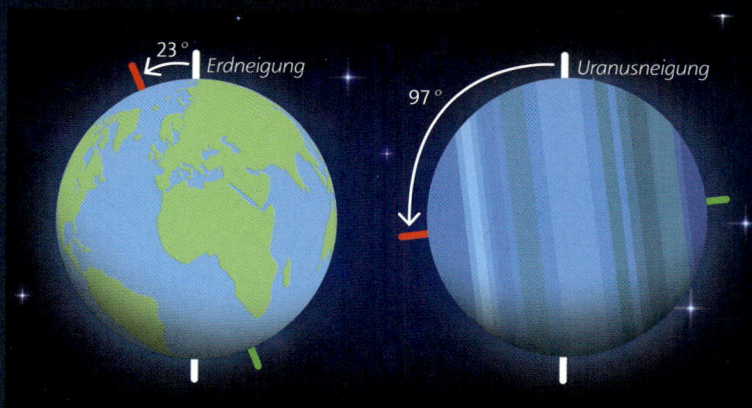

23° Erdneigung

97° Uranusneigung

Licht und Dunkelheit

Der Uranus dreht sich mit einer sehr starken Neigung. Darüber hinaus benötigt der Planet sehr lange, um die Sonne einmal zu umrunden – und zwar 84 Jahre. Das bedeutet, dass sowohl die Nordhalbkugel als auch die Südhalbkugel des Uranus je 42 Jahre der Sonne zugewandt sind. Während es also an einem Pol für sehr lange Zeit Tag ist, ist es am gegenüberliegenden Pol sehr lange Nacht.

So sieht es auf dem Uranus aus

Der Uranus leuchtet blaugrün. Dafür sorgt seine Atmosphäre, die aus den Gasen Wasserstoff, Helium und Methan besteht. Das Methan „verschluckt" den roten Lichtanteil und sorgt damit für die Blaufärbung. Uranus weist nahezu keine streifenartige Oberfläche auf. Die für einen Gasplaneten typischen Ringe sind aber auch beim Uranus zu finden, sie bestehen aus dünnen Staubschichten. Verschiedene Monde aus Gestein und Eis umkreisen den Gasplaneten ebenfalls und sorgen dafür, dass die Ringe ihre Form behalten. Der Uranus ist mehr als 2800 Millionen Kilometer von der Sonne entfernt, das erklärt auch, warum es hier sehr kalt ist – es herrschen Temperaturen bis circa –200 °C.

Ein Ringsystem ist für die Gasplaneten typisch.

DER NEPTUN

An achter und äußerster Stelle in unserem Sonnensystem befindet sich der Planet Neptun. Mal sehen, was es auf diesem Planeten zu entdecken gibt …

Planetenart	Gasplanet
Durchmesser	ca. 49 500 km
Umfang	ca. 155 600 km
Sonnenumrundung	ca. 165 Jahre
Drehung um sich selbst	ca. 16 Stunden
Entfernung zur Sonne	ca. 4500 Mio. km
Temperatur	ca. −200 °C
Atmosphäre	Wasserstoff, Helium und Methan

Der Neptun lässt sich Zeit

165 Jahre – so lange dauert es, bis der Neptun eine Runde um die Sonne gedreht hat. Da man erst seit 1846 von der Existenz des blauen Planeten weiß, können Astronomen aktuell zum zweiten Mal eine Sonnenumrundung des Neptuns beobachten.

Wie die drei anderen Gasplaneten, hat auch der Neptun ein eigenes Ringsystem. Allerdings sind die Ringe bei ihm kaum zu erkennen.

Blau wie das Meer

Da die Atmosphäre des Neptuns wesentlich mehr Methan als die des Uranus enthält, erstrahlt er in einem noch viel intensiveren Blau, das an einen Ozean erinnert. Vielleicht ist das auch der Grund, weshalb man den Planeten nach dem römischen Meeresgott benannt hat.

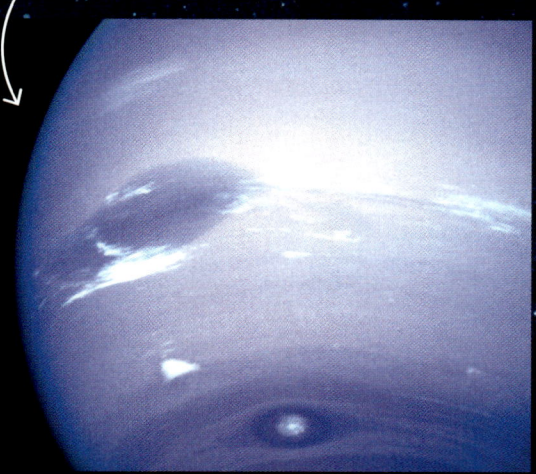

Wolken und Wirbelstürme

Die Atmosphäre des Neptuns ist wie bei den meisten Gasplaneten von Wolkenbändern durchzogen. Sie legen sich wie unregelmäßige weiße Streifen über die blaue Oberfläche. Darüber hinaus geht es auf dem Neptun ganz schön stürmisch zu. Mit einer rasanten Geschwindigkeit von etwa 2000 km/h wüten hier Wirbelstürme, die selbst die gefährlichsten Hurrikans auf der Erde in den Schatten stellen. Die NASA-Raumsonde Voyager 2 konnte während ihrer Mission einen dieser Stürme einfangen. Er hatte die Größe unserer Erde. Dieses Phänomen gibt es nur auf dem Neptun. Die Stürme auf den anderen Planeten erreichen derartige Stärken nicht.

Hat der Uranus einen Zwillingsplaneten?

Der Neptun ist dem Uranus sehr ähnlich. Seine Atmosphäre besteht auch aus Wasserstoff, Helium und Methan und sein Inneres aus Eis und wahrscheinlich einem Gesteinskern. Die Dauer der Drehung des Planeten um sich selbst und seine Größe kommen den Werten seines Nachbarplaneten ebenfalls sehr nahe. Eine weitere Gemeinsamkeit ist die frostige Temperatur von bis zu −200 °C, weshalb man auch hier von einem Eisriesen spricht.

Wusstest du schon, dass hinter dem Neptun wahrscheinlich sehr viele Zwergplaneten herumschwirren?

UNSER MOND

Seit mehr als vier Milliarden Jahren umkreist der Mond nun schon die Erde. Wie es dazu kam und wie sich das auf unseren Heimatplaneten auswirkt, erfährst du hier.

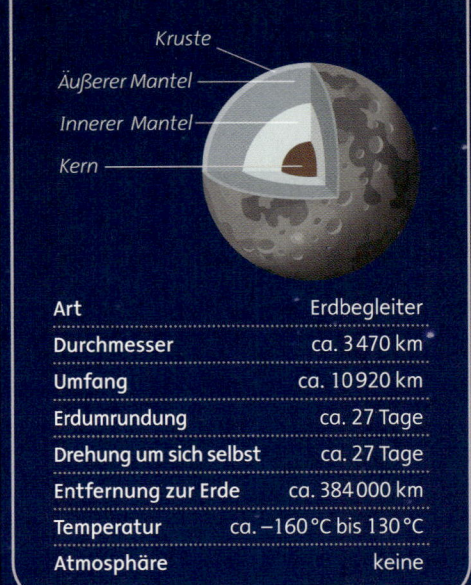

Art	Erdbegleiter
Durchmesser	ca. 3 470 km
Umfang	ca. 10 920 km
Erdumrundung	ca. 27 Tage
Drehung um sich selbst	ca. 27 Tage
Entfernung zur Erde	ca. 384 000 km
Temperatur	ca. −160 °C bis 130 °C
Atmosphäre	keine

Ein Zusammenstoß

Die Erde soll in ihrer Anfangsphase einen Zusammenstoß mit einem Planeten gehabt haben, der die Erdumlaufbahn gekreuzt hat – sozusagen ein Weltraum-Unfall. Hierbei soll der andere Planet in Stücke gerissen worden sein. Man geht davon aus, dass sich diese Stücke mit einigen Trümmern der Erde zu unserem Mond zusammengesetzt haben. Das könnte eine Erklärung dafür sein, dass das Mondgestein dem der Erde sehr ähnelt. Seither ist der Mond der treue Begleiter der Erde und umrundet sie jeden Monat einmal.

Die Mondphasen

Genau wie die Erde hat auch der Mond eine Tag- und eine Nachtseite. Wenn du den Mond beobachtest, wird dir auffallen, dass er nicht jeden Tag gleich aussieht. Manchmal ist er rund, dann sehen wir nur einen Teil von ihm und manchmal sehen wir ihn gar nicht. Das liegt an den Mondphasen. Während sich der Mond um die Erde bewegt, bewegt sich die Erde gleichzeitig um die Sonne. Je mehr Sonnenlicht während der Rotation auf den Mond scheint, desto mehr können wir von ihm erkennen. So kannst du Monat für Monat beobachten, wie sich der Neumond zu einem Vollmond entwickelt und danach wieder abnimmt. Übrigens bewirkt der Mond durch seine Anziehungskraft auf das Meer, dass es Ebbe und Flut bei uns auf der Erde gibt.

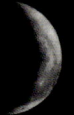 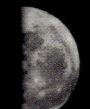    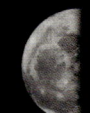 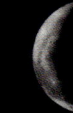

Neumond   zunehmender Halbmond   Vollmond   abnehmender Halbmond   Neumond

Die Apollo-11-Mission

Der Mond ist der einzige Himmelskörper, der bisher Besuch von Menschen hatte. Zunächst erforschten Wissenschaftler den Mond mit Hilfe von Raumsonden. Man glaubte, dass ein Raumschiff nicht auf der Mondoberfläche landen könnte, ohne einzusinken. Die amerikanischen Astronauten Neil Armstrong, Michael Collins und Buzz Aldrin bewiesen das Gegenteil: Im Juli 1969 betraten zunächst Armstrong und danach Buzz Aldrin den Mond. Bei dieser Mondlandung haben die Astronauten Gesteinsproben entnommen, um sie auf der Erde zu untersuchen. Mit batteriebetriebenen Fahrzeugen erkundeten sie außerdem die Umgebung.

Ein kleiner Schritt für einen Menschen, aber ein großer Schritt für die Menschheit.

Neil Armstrong

Wusstest du schon, dass du auf dem Mond nichts hörst? Denn Schall wird von Luft übertragen und auf dem Mond gibt es keine Luft.

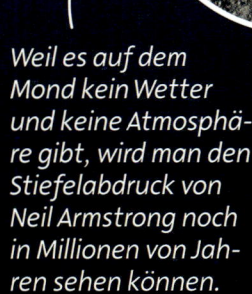

So sieht es auf dem Mond aus

Die Oberfläche des Mondes besteht aus Gestein, Eisen, Aluminium und Magnesium. Betrachtet man den Mond, erkennt man helle und dunkle Flächen. Die hellen Flächen sind Erhebungen, die dunklen Tiefebenen (Mare). Eine Atmosphäre hat der Mond nicht. Somit ist er auch anfälliger für Meteoriteneinschläge, die seine Oberfläche im Laufe der Zeit an vielen Stellen pulverisiert haben. Deshalb gibt es auf dem Mond auch unzählige Krater und eine dicke Schicht aus Mondstaub. Die Temperaturen auf den Mondseiten sind sehr unterschiedlich. Der Teil, der von der Sonne angestrahlt wird, kann bis zu 100 °C heiß werden, die andere Seite bis zu −160 °C kalt.

Die Rückseite des Mondes bekommen wir auf der Erde nie zu sehen, da sich der Mond genauso schnell um sich selbst dreht wie um die Erde.

Weil es auf dem Mond kein Wetter und keine Atmosphäre gibt, wird man den Stiefelabdruck von Neil Armstrong noch in Millionen von Jahren sehen können.

ZWERGPLANETEN UND ASTEROIDEN

Bei der Bildung unserer Planeten ist so einiges an überschüssigem Material in unserem Sonnensystem gelandet. Aber was genau verbirgt sich hinter diesem Material?

Meteoroide, Meteore und Meteoriten

Bei dem Restmaterial, das durch das Weltall fliegt, handelt es sich um Objekte, die aus Gestein, Metall und Eis bestehen. Es gibt sie in allen möglichen Größen. Sind sie sehr klein, spricht man von Meteoroiden. Treten sie in die Atmosphäre eines Planeten ein, verglühen sie und werden zu Meteoren – dir sind sie sicher als Sternschnuppen bekannt. Gesteinsbrocken, die groß genug sind, um beim Eintritt in eine Atmosphäre nicht vollständig zu verglühen und die dann z. B. auf der Erde aufschlagen, nennt man Meteoriten. Wissenschaftler suchen meist in Wüsten oder Polargebieten nach ihnen. Dort gibt es nämlich keine natürlich vorkommenden Felsen, von denen man sie unterscheiden müsste.

> **Wusstest du schon,** dass Meteoriten Gesteinsbrocken sind, die auf einem Planeten oder Mond einschlagen?

Meteore sind Leuchterscheinungen, die beim Verglühen eines Meteoroiden entstehen, wenn er in die Erdatmosphäre eintritt.

Der Zwergplanet Ceres hat ein großes Salzwasserreservoir unter seiner staubigen Oberfläche.

Asteroiden sind felsige Kleinkörper aus Metall und/oder Gestein, die sich um die Sonne bewegen.

Meteoroide sind kleine und kleinste Bruchstücke in unserem Sonnensystem, wie z. B. Trümmer von Asteroiden oder Planeten.

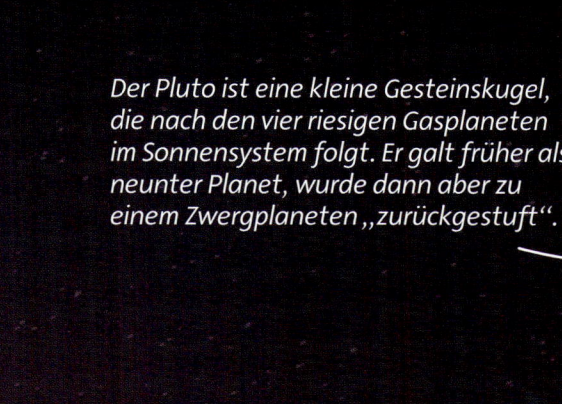

Der Pluto ist eine kleine Gesteinskugel, die nach den vier riesigen Gasplaneten im Sonnensystem folgt. Er galt früher als neunter Planet, wurde dann aber zu einem Zwergplaneten „zurückgestuft".

Ein Komet ist ein kleiner Himmelskörper aus Eis und Staub. In Sonnennähe verdampft er teilweise und bildet dann leuchtende Schweife aus.

Kometen

Weitere Überbleibsel aus der Entstehungszeit unseres Sonnensystems sind die Kometen. Das sind kleine Welten aus Eis, Gestein und Staub, wie große, dreckige Schneebälle. Die meisten von ihnen umkreisen auf weit entfernten Bahnen die Sonne, sodass man sie nicht einmal mit einem Teleskop sehen kann.

Wird ein Komet aber von seiner Bahn abgelenkt und kommt in die Nähe der Sonne, verdampft durch die Hitze das Eis in seinem Inneren und entweicht als Gasflammen. Das Gas bildet eine glühende Atmosphäre um den Kometen herum, die man Koma nennt. Wenn der Komet noch näher an die Sonne kommt, bilden sich Schweife aus Gas oder Staub, die mehrere 100 Millionen Kilometer lang werden können. Ein Schweif aus Staub reflektiert das Sonnenlicht und strahlt gelblich, ein Schweif aus leuchtendem Gas erscheint blau. Auf diese Weise werden die Kometen für uns sichtbar.

Die Kleinplaneten des Weltalls

Zu dem Restmaterial, das während der Entwicklung der Planeten entstanden ist, gehören auch kleine felsartige Brocken. Diese sogenannten Asteroiden bestehen aus Gestein, Metall oder aus beidem. Beobachtet man sie von der Erde aus mit einem Fernrohr, erscheinen sie uns wie winzige Lichtpunkte im All. Meist sind die Asteroiden zwischen den Umlaufbahnen von Mars und Jupiter zu finden – diese Region nennt man Asteroidengürtel. Dort sorgt die Schwerkraft von Jupiter dafür, dass sich die kleinen Metall- und Gesteinsteilchen nicht zu neuen Planeten formen. Da die Teilchen teilweise eine kugelartige Form haben, aber kleiner als die acht Hauptplaneten sind, bezeichnet man sie auch als Klein- oder Zwergplaneten. Mit Teleskopen und Raumsonden konnten sie bisher untersucht werden.

DIE STERNE

Wenn der Nachthimmel ganz klar ist, kannst du unzählige Sterne leuchten sehen. Doch was sind Sterne eigentlich, welche Arten von Sternen gibt es und warum formen sie Bilder? Das wollen wir uns im Folgenden einmal genauer anschauen.

Kugeln aus Gas

Im Weltraum gibt es etwa so viele Sterne wie Sandkörner in der Wüste. Die kleinen Lichtpunkte am Himmel sind brennende Gaskugeln, die Licht und Wärme an die Atmosphäre abgeben. Das Aussehen eines Sterns richtet sich nach seiner Temperatur. So strahlen die kühlsten mit circa 2500 °C rot, bei circa 5500 °C sind sie gelb und die heißesten Sterne sind blau-weiß. Diese erreichen Temperaturen von circa 40 000 °C!

Nachdem sie in Gas- und Staubwolken des Weltalls, den sogenannten Nebeln, entstanden sind, strahlen Sterne so hell, dass wir sie von der Erde aus sehen können. Das Gas, das die Sterne zum Leuchten bringt, hält allerdings nicht für immer an. Irgendwann ist es ausgebrannt und der Stern verglüht.

Doch bevor ein Stern verglüht, dehnt er sich zunächst um ein Vielfaches aus und entwickelt sich zu einem sogenannten Roten Riesen. Sind die äußeren Gasschichten des Sterns verglüht, fällt er in sich zusammen. Bei diesem Prozess wird aus dem Roten Riesen ein Weißer Zwerg. Dieser existiert dann noch einige Milliarden Jahre, bis er letztlich auskühlt und nicht mehr zu sehen ist. Da unsere Sonne ebenfalls ein Stern ist, wird auch sie dieses Schicksal eines Tages ereilen. Aber das passiert erst in mehreren Milliarden Jahren.

Während manche Sterne mehr als 10 Milliarden Jahre überleben, endet die Lebensdauer der größten Sterne eher plötzlich. Auch sie dehnen sich aus, zu Roten Überriesen, die dann anschließend explodieren. Dieses Phänomen nennt man Supernova. Die Supernova strahlt ungefähr eine Woche lang heller als alle anderen Sterne zusammen. Dann erlischt sie und entwickelt sich entweder zu einem Neutronenstern oder einem Schwarzen Loch. Aus den Resten der Überriesen entstehen dann wieder neue Sterne.

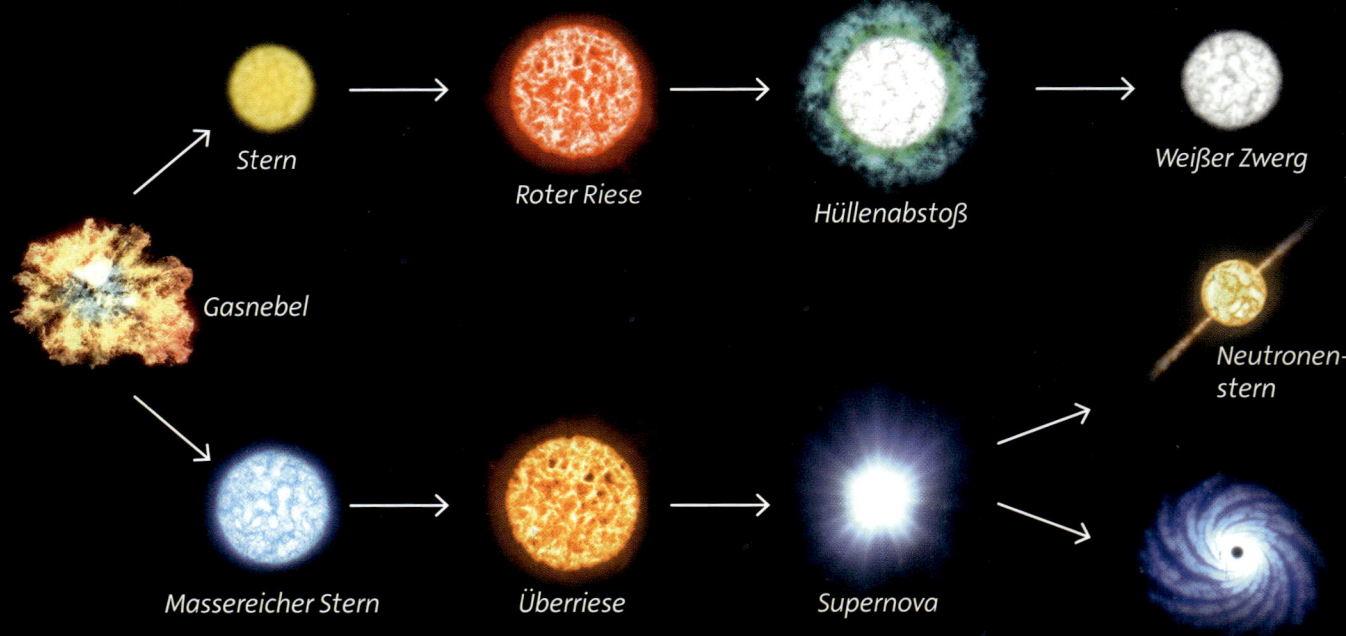

Stern

Roter Riese

Hüllenabstoß

Weißer Zwerg

Gasnebel

Neutronen-stern

Massereicher Stern

Überriese

Supernova

Schwarzes Loch

Sternschnuppen

Manchmal, wenn du nachts in den Himmel schaust, kannst du eine oder mehrere Sternschnuppen beobachten. Das sind Meteore, die beim Eintritt in die Erdatmosphäre verbrennen und dabei helle Leuchtstreifen in den Himmel zeichnen. Wenn du auf Nummer sicher gehen willst, verrät dir ein Sternschnuppenkalender, wann es am günstigsten ist, nach Sternschnuppen Ausschau zu halten. Solche Kalender sind ganz leicht über das Internet zu finden.

Einem alten Volksglauben zufolge darf man sich etwas wünschen, wenn man eine Sternschnuppe am Himmel entdeckt. Aber verraten darf man den Wunsch nicht, sonst geht er nicht in Erfüllung.

Sternkunstwerke

Als die Menschen vor ein paar tausend Jahren anfingen, sich mit den Sternen zu beschäftigen, war es einfacher, sich die Positionen der Sterne anhand von Bildern zu merken. Also hat man auffällige Sternpositionen notiert und mit Strichen zu Figuren verbunden. Mittlerweile hat die Internationale Astronomische Union 88 Stern-bilder festgelegt, die weltweit gelten. Von all diesen Sternbildern sind viele nur selten zu sehen, aber zwei von ihnen kannst du das gesamte Jahr über beobachten: Den Kleinen Wagen und den Großen Wagen. Der hellste Stern des Sternbildes Kleiner Wagen ist der Polar-stern. Er gibt an, in welcher Richtung Norden liegt. So war er bereits vor der Erfindung des Kompasses eine große Orientierungshilfe.

Kleiner Wagen

Polarstern

Großer Wagen

Wusstest du schon, dass du den Polarstern findest, wenn du den hinteren Teil des Großen Wagens mit einer Linie verlängerst?

DIE GESCHICHTE DER ASTRONOMIE

Die Astronomie ist die Wissenschaft von den Gestirnen – und die gibt es schon Tausende von Jahren. Doch bis Astronomen mit hochentwickelter Technik das Weltall untersuchen konnten, war es ein langer Weg.

Die Anfänge der Astronomie

Bereits die alten Ägypter, Griechen, Römer und Chinesen beschäftigten sich mit den Himmelskörpern und ihrer Bedeutung. Sie nutzten ihre Erkenntnisse, um den Kalender und die Zeitrechnung zu entwickeln. Auf diese Weise konnten sie sich im Alltag an Sonne, Mond und Sternen orientieren. Auf See dienten die Sterne als Navigationshilfe.

Bis zum Ende des Mittelalters waren die Menschen davon überzeugt, sie seien der Mittelpunkt des Universums und alle Himmelskörper würden sich um die Erde bewegen. Sie bezogen sich hierbei auf den griechischen Gelehrten Claudius Ptolemäus. Er beschrieb schon im 2. Jahrhundert, wie er sich das Weltbild vorstellte, nämlich geozentrisch, mit der Erde (*geo* = Erde) im Zentrum und den (damals schon bekannten) Himmelskörpern um sie herum.

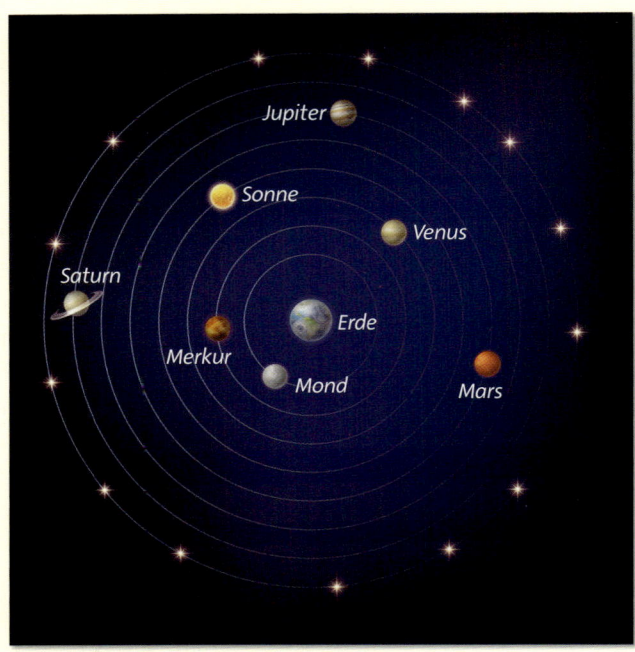

Geozentrisches Weltbild nach Ptolemäus

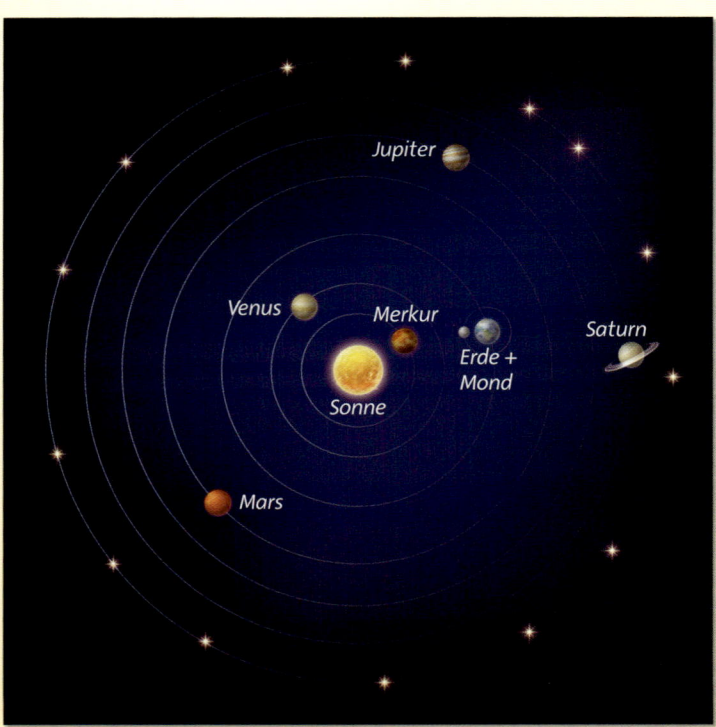

Heliozentrisches Weltbild nach Kopernikus

Neue Erkenntnisse

Nachdem die Menschen circa 1400 Jahre lang an das geozentrische Weltbild geglaubt hatten, wurde es von dem Astronomen und Arzt Nikolaus Kopernikus im 16. Jahrhundert ins Wanken gebracht. In seiner Vorstellung war das Weltbild heliozentrisch, mit der Sonne (*helios* = Sonne) im Zentrum des Planetensystems. Diese Erkenntnis stieß, vor allem von Seiten der Kirche, auf Widerstand: Da gemäß der Bibel die Erde im Mittelpunkt der Schöpfung stand, musste sie auch das Zentrum der Welt sein. Es vergingen noch viele Jahre, bis das Weltbild des Kopernikus anerkannt und akzeptiert wurde.

Das erste Teleskop

Im Jahr 1609 baute der Gelehrte Galileo Galilei das erste Teleskop. Es war eine Weiterentwicklung des Fernrohrs, das ein Jahr zuvor Hans Lipperhey, ein Brillenmacher, erfunden hatte. Galilei verfeinerte sein Teleskop so lange, bis er eine 33-fache Vergrößerung erreichte. Auch er war von einem heliozentrischen Weltbild überzeugt und fand nun mit Hilfe des Teleskops Beweise für diese Theorie. Galileo entdeckte, dass der Jupiter Monde hat – bisher kannte man nur den Erdbegleiter. Außerdem entdeckte er Erhebungen auf dem Mond und Flecken auf der Sonne sowie zahlreiche Sterne auf der Milchstraße.

Wusstest du schon, dass du den Beruf des Astronomen an einer Hochschule erlernen kannst?

Elliptische Bahnen

Der Mathematiker Johannes Kepler veröffentlichte 1609 sein Werk *Astronomia Nova*, in dem er sich ebenfalls für das heliozentrische Weltbild aussprach. Aufgrund von mathematischen Berechnungen kam Kepler zu dem Ergebnis, dass die Planeten die Sonne auf elliptischen Bahnen umkreisen.

Erfindungen und Erkenntnisse

- **17. Jahrhundert:** Isaac Newton entwickelt das Spiegelteleskop und berechnet die Planetenbewegung mithilfe der Gravitationsgesetze.
- **13. März. 1781:** Der Astronom Wilhelm Herschel entdeckt den Planeten Uranus.
- **23. September 1846:** Der Astronom Johann Gottfried Galle entdeckt den Planeten Neptun.
- **1995:** Der erste Planet außerhalb unseres Sonnensystems wird entdeckt.

Mittlerweile gibt es eine Vielzahl an Instrumenten und hochentwickelten Techniken, mit deren Hilfe Astronomen das Weltall erforschen. Doch trotz vieler Erkenntnisse hält das Weltall noch unendlich viele Geheimnisse bereit, die es zu lüften gilt. Denn unser Sonnensystem ist lediglich ein winziger Teil des Universums.

BLICK INS WELTALL

Wenn du zum Himmel schaust, kannst du mit bloßem Auge viele Himmelskörper, wie z. B. die Sonne, den Mond und die Sterne sehen. Doch um das Geschehen im Weltall genauer betrachten zu können, benötigen wir technische Hilfsmittel.

Moderne Fernrohre

Heute nutzen die Wissenschaftler riesige Teleskope, um Sterne und Planeten zu studieren. Diese Teleskope sind meist in einem Gebäude fest installiert, das man Sternwarte oder auch Observatorium nennt. Sternwarten befinden sich oft in einsamen Bergregionen oder in der Wüste, da es dort viele klare Nächte und keine störenden Stadtlichter gibt.

Es gibt zwei Arten von Teleskopen:
- **Refraktoren** sind Linsenfernrohre. Mit verschiedenen Linsen werden kleine Ausschnitte vergrößert, sodass man sie genauer untersuchen kann.
- **Reflektoren** sind Spiegelfernrohre. Mit Spiegeln werden Licht und unsichtbare Wellen eingefangen und zurückgeworfen. Die unsichtbaren Wellen können mit Hilfe von Computern umgewandelt und sichtbar gemacht werden.

Wusstest du schon, dass es kostenlose Apps gibt, die dir den Nachthimmel erklären?

Das Very Large Telescope (VLT) der Europäischen Südsternwarte (ESO) in Chile ist das weltweit am besten entwickelte optische Instrument. Es besteht aus vier einzelnen Teleskopen, die man zusammengeschaltet als ein großes Teleskop nutzen kann. Die ersten Aufnahmen eines Exoplaneten wurden mit diesem Teleskop gemacht.

Das wohl berühmteste Teleskop ist das Hubble-Weltraumteleskop. Es befindet sich seit 1990 im All. Mit seinen detailreichen Aufnahmen und einer Vielzahl wissenschaftlicher Daten sorgt es für einen faszinierenden Blick auf die dortigen Geschehnisse.

Den Sternen so nah

In vielen astronomischen Instituten ist es möglich, professionellen Sternguckern einmal über die Schulter zu schauen. Bei Führungen kann man hier einiges über die Geschichte der Astronomie und die aktuelle Forschung erfahren. Volkssternwarten sind für jeden zugänglich, der einmal einen Blick ins Weltall werfen möchte. Hier erhält man auch wissenswerte Informationen zu dem, was man am Himmel sieht. Sicher gibt es auch eine Volkssternwarte in deiner Nähe.

Satelliten und Raumsonden

Nicht nur Teleskope liefern uns Informationen, sondern auch Satelliten oder Raumsonden, die ins Weltall geschickt werden. Satelliten drehen ihre Runden in der Erdumlaufbahn und fangen dabei wichtige Informationen ein, die sie in Form von Bildern oder Messwerten an die Erde senden. Über sie kann man auch Funksignale, Radio- und Fernsehsender sowie Navigations- und Wetterdaten empfangen.

Da wir noch nicht die Möglichkeiten besitzen, Menschen in alle Bereiche des Weltalls zu schicken, übernehmen Raumsonden diesen Job. Sogenannte Lander landen direkt auf einem Himmelskörper, um diesen zu erkunden. Orbiter umkreisen einen Himmelskörper und Sonden fliegen nur an ihm vorbei, um Beobachtungen zu machen.

INS WELTALL FLIEGEN

Um ins Weltall zu gelangen, muss man sich unglaublich schnell fortbewegen – die Rede ist von ungefähr 40 000 km/h. Auf diese Weise überlistet man die Schwerkraft, die ein Objekt anderenfalls wieder nach unten ziehen würde. Eine solche Geschwindigkeit kann man nur mit Raketen erreichen.

Der Raketenantrieb

Eine Rakete funktioniert ähnlich wie ein Luftballon, aus dem man die Luft herauslässt: Sie zischt davon. Im Falle der Rakete entweicht allerdings heißes Gas, das beim Verbrennen des Treibstoffs entsteht.

Um die Erdumlaufbahn verlassen zu können, muss die Rakete die „Fluchtgeschwindigkeit" erreichen.

Weltraumbahnhöfe

Um Raketen ins Weltall zu schießen, gibt es Weltraumbahnhöfe. Der modernste befindet sich im südamerikanischen Kourou. Die Lage ist nicht zufällig gewählt, denn die ausgebrannten Raketenstufen können hier ins Meer fallen. Außerdem ist die Nähe zum Äquator wichtig, da hier die Erddrehung schneller ist und die Raketen beim Start dadurch einen Extraschub bekommen.

„Tankstellen" im Weltall

Da es in der Atmosphäre des Weltalls keine Luft gibt, bremst diese die Rakete auch nicht ab. Deshalb wird Treibstoff nur dann verbraucht, wenn die Rakete schneller, langsamer oder in eine andere Richtung fliegen soll. Ein Trick, um Treibstoff zu sparen, ist das sogenannte Swing-by-Manöver. Hierbei fliegt man nahe an einen Planeten heran und nutzt dessen Anziehungskraft, um dem Raumschiff neuen Schwung zu verleihen.

Wusstest du schon, dass die ersten Raketen in China gezündet wurden und unseren Feuerwerksraketen ähnelten?

Die Astronauten
kehren in einer
Kommandokapsel
mit Fallschirm auf
die Erde zurück.

Eine Raumfähre mit
geöffneter Ladebucht

Was ist eine Trägerrakete?

Eine Trägerrakete ist eine mehrstufige Rakete, die für den Transport von Nutzlasten, wie Satelliten, Raumsonden oder Raumschiffe, genutzt wird. Sie sitzt unterhalb der Kommandokapsel, in der sich die Astronauten befinden. Ist die dritte Stufe im Weltall angekommen, platzieren die Astronauten die mitgebrachte Nutzlast, zum Beispiel eine Mondfähre, an Ort und Stelle. Anschließend kehren sie in der Kommandokapsel zurück zur Erde. Die Kapsel landet mit Hilfe von Fallschirmen.

Die Bestandteile einer Rakete

Raketen bestehen in der Regel aus zwei bis drei Stufen, die auf dem Weg ins All immer wieder für neuen Schub sorgen. Die flüssigen Treibstoffe werden mit Hilfe von Rohren zur Brennkammer geleitet und dort entzündet. Die dabei entstehenden heißen Gase strömen aus den Triebwerken und treiben die Rakete an. Beim Start wiegt eine Rakete mehrere hundert Tonnen. Aus diesem Grund werden die Treibstofftanks einer Stufe abgetrennt, sobald der gesamte Treibstoff dieser Stufe aufgebraucht ist. Sie fallen dann ins Meer oder verglühen beim Eintritt in die Atmosphäre. Mit einer Stufe weniger ist die Rakete gleich viel leichter und das macht es der zweiten Stufe einfach, sie weiter anzutreiben. Die dritte Stufe sorgt dafür, dass Raumfahrzeuge und Kommandokapsel den entscheidenden Schub erhalten, um ihr Ziel zu erreichen.

Rettungsrakete

Kommt es zu einem Fehlstart oder einem Brand während der Startphase, steht eine Rettungsrakete bereit. Diese befindet sich direkt auf der Raketenspitze. Sie bringt die Astronauten in der Landekapsel aus der Gefahrenzone.

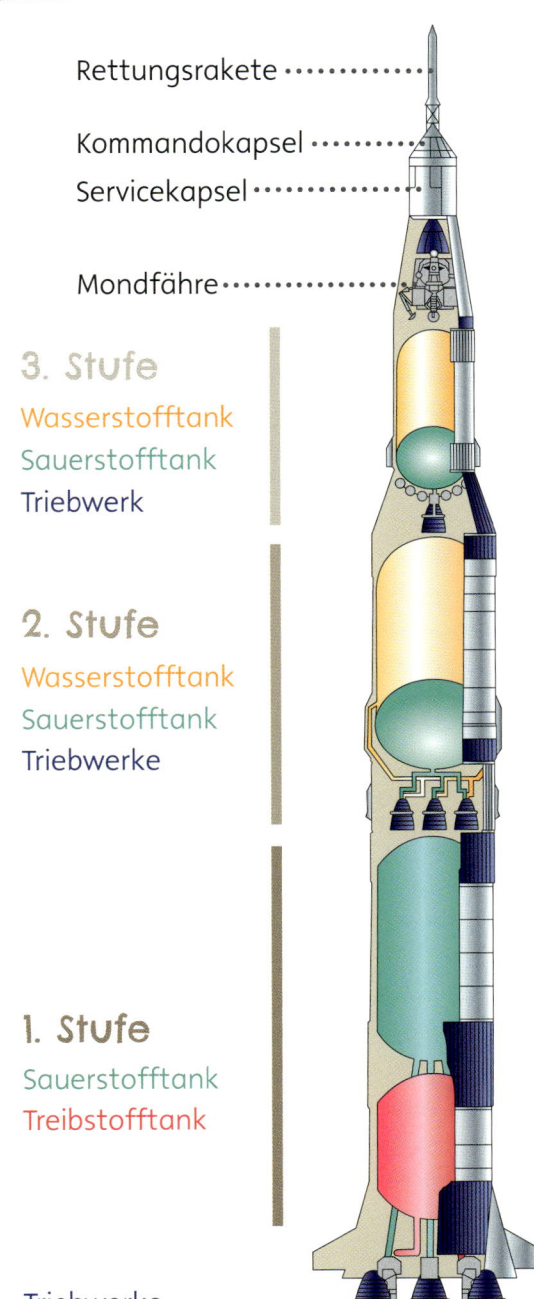

Rettungsrakete

Kommandokapsel

Servicekapsel

Mondfähre

3. Stufe
Wasserstofftank
Sauerstofftank
Triebwerk

2. Stufe
Wasserstofftank
Sauerstofftank
Triebwerke

1. Stufe
Sauerstofftank
Treibstofftank

Triebwerke

DIE RAUMFAHRT IM LAUF DER ZEIT

Das Zeitalter der Raumfahrt begann Ende der 1950er-Jahre – das ist noch gar nicht so lange her.
Auf diesem Zeitstrahl findest du die wichtigsten Meilensteine von damals bis heute.

12.4.1961 Die Sowjetunion schickt Kosmonaut Juri Gagarin als ersten Menschen ins All. Er umrundet die Erde mit seiner Wostok-1-Rakete.

5.5.1961 Der erste amerikanische Astronaut, Alan Shepard, fliegt ins All. Sein Flug reicht aber nicht bis zur Erdumlaufbahn.

21.12.1968 Astronauten umrunden mit der Apollo 8 zum ersten Mal den Mond.

21.7.1969 Der Amerikaner Neil Armstrong betritt als erster Mensch den Mond.

31.1.1958 Die USA schicken den Satelliten Explorer 1 in die Erdumlaufbahn.

29.7.1958 Die USA gründen die NASA. Nun beginnt der „Wettlauf ins All" zwischen den USA und der Sowjetunion.

20.2.1962 Der amerikanische Astronaut John Glenn umrundet die Erde in einer Mercury-Raumkapsel.

1970

1965

4.10.1957 Sputnik 1, der erste künstliche Satellit, wird von der Sowjetunion in die Erdumlaufbahn geschossen.

3.11.1957 Die Hündin Laika reist als erstes Lebewesen mit Sputnik 2 in die Erdumlaufbahn.

1960

16.6.1963 Walentina Tereschkowa fliegt als erste Frau allein in den Weltraum.

18.3.1965 Der Kosmonaut Alexei Archipowitsch Leonow ist der erste Mensch, der einen Weltraumspaziergang macht.

1955

1950

12.4.1981 Jungfernflug des NASA-Space-Shuttles Columbia, des ersten wiederverwendbaren Raumfahrzeugs.

7.2.1984 Der Astronaut Bruce McCandless schwebt mit einem „Raketenrucksack" ohne Sicherheitsleine im Weltall.

20.11.1998 Der Aufbau der Internationalen Raumstation ISS im Weltall beginnt. Sie ist bis heute ständig bemannt.

2020

2010

2000

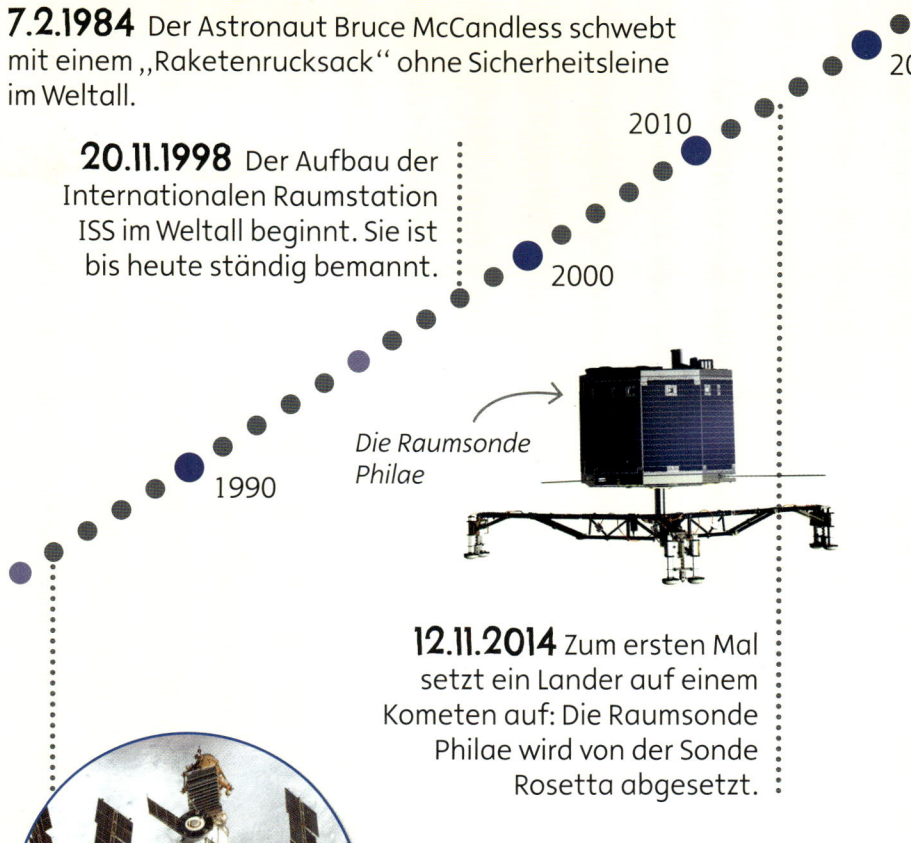

Die Raumsonde Philae

1990

1980

1975

17.7.1975 Die Sowjetunion und die USA koppeln im Weltall ihre Raumschiffe aneinander. Die Raumfahrer besuchen sich gegenseitig und arbeiten einige Tage gemeinsam an Experimenten.

12.11.2014 Zum ersten Mal setzt ein Lander auf einem Kometen auf: Die Raumsonde Philae wird von der Sonde Rosetta abgesetzt.

19.2.1986 Die russische Raumstation MIR fliegt ins All und bleibt dort bis zu ihrem geplanten Absturz 2001.

14.5.1973 Die NASA bringt die Raumstation Skylab ins Weltall.

Wusstest du schon, dass am 14.10.2020 drei Astronauten in einer Rekordzeit von 3 Stunden und 7 Minuten zur ISS geflogen sind?

19.4.1971 Die Sowjetunion schickt die erste Raumstation der Welt, Saljut 1, ins All. Nach einem missglückten Ankopplungsversuch von Sojus 10 gelingt am 7. Juni die Ankopplung von Sojus 11. Deren Mannschaft stellt mit 3 Wochen den ersten Langzeit-Rekord für Weltraum-Aufenthalte auf.

DER ASTRONAUTENANZUG

Die Berufskleidung eines Astronauten ist die teuerste der Welt. Über 10 Millionen US-Dollar kostet der Spezialanzug, ohne den Besuche im All nicht möglich wären. Er schützt den Astronauten zum Beispiel vor extremen Temperaturen und versorgt ihn mit Sauerstoff. Wie das funktioniert und was der Hightech-Anzug noch so kann, erfährst du jetzt.

Im **Helm** befindet sich ein Visier mit Goldbeschichtung. Es schützt die Augen der Astronauten vor aggressiver Sonnenstrahlung.

Links und rechts vom Helm ist der Anzug mit **Kameras** und **Lampen** ausgestattet. Diese dienen als Sichthilfen.

Damit sich die Astronauten im All miteinander und mit dem Kontrollzentrum auf der Erde verständigen können, hat der Helm ein eingebautes **Headset.** Die Übertragung funktioniert über Funkwellen.

Ähnlich wie die Bergsteiger, verwenden auch Astronauten große **Karabinerhaken**, um sich zu sichern. Hiermit befestigen sie sich an der Raumstation, um nicht wegzufliegen, wenn sie von Bord gehen.

Wusstest du schon, dass ein Raumanzug sogar vor extremen Temperaturen von minus 150 °C bis plus 120 °C schützt?

Auf dem Brustkorb der Astronauten befindet sich ein **Kontrollmodul**, quasi eine Art „Armaturenbrett", das mit dem Lebenserhaltungssystem verbunden ist und dafür sorgt, dass es richtig funktioniert.

Die **Fingerkuppen** der Handschuhe sind mit Gummi überzogen, sodass die Astronauten Dinge besser greifen können.

Der **Raumanzug** besteht aus vielen Schichten. Die äußeren sind vor allem aus widerstandsfähigem Material, um vor extremer Hitze, Kälte, Strahlung und herumfliegenden Teilchen zu schützen. Damit sich die Astronauten in dem steifen Anzug bewegen können, besitzt er außerdem spezielle Gelenke.

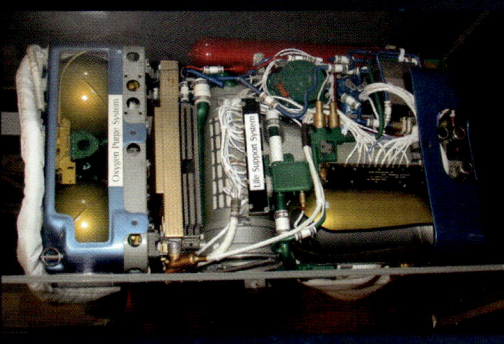

Wie einen großen Rucksack tragen Astronauten das sogenannte **Lebenserhaltungssystem** auf dem Rücken. Es versorgt sie mit Sauerstoff, kühlt sie, wenn nötig und ermöglicht den Funkkontakt zu den Kollegen.

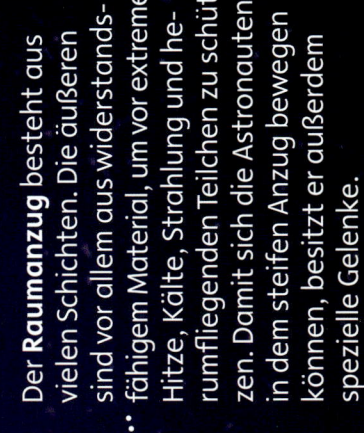

Auch die „**Unterwäsche**" der Astronauten ist ganz anders als unsere: Sie ist mit dünnen Schläuchen ausgestattet, durch die kaltes Wasser fließt. Das ist nötig, um die Astronauten abzukühlen und somit vor Überhitzung zu schützen. Darüber tragen sie einen engen Anzug aus Gummi.

Der neueste Schrei im Weltall

Im Oktober 2019 stellte die NASA die neue Generation der Raumanzüge vor. Die Prototypen bieten den Astronauten so viel Bewegungsfreiheit wie nie zuvor. Bei der für 2024 geplanten Rückkehr zum Mond sollen sie das erste Mal zum Einsatz kommen.

WIE MAN ASTRONAUT WIRD

Wer Astronaut werden möchte, muss eine ganze Menge von Anforderungen erfüllen. Das strenge Auswahlverfahren bestehen nur die besten Kandidaten, die körperlich und geistig topfit sind.

Was braucht ein Astronaut?

- **Ein kluges Köpfchen:** Ein Universitätsabschluss in einem technischen, medizinischen oder naturwissenschaftlichen Bereich wird vorausgesetzt. Auch eine Pilotenausbildung ist von Vorteil.
- **Fremdsprachenkenntnisse:** Für Astronauten ist es wichtig, dass sie sehr gut Englisch sprechen, um sich auf internationalen Missionen verständigen zu können. Im Idealfall können sie auch Russisch.
- **Eine gute Fitness:** Flüge ins Weltall sind für unseren Körper sehr anstrengend. Deshalb müssen Astronauten auch in einer guten körperlichen Verfassung sein.
- **Ein gutes Sozialverhalten:** Als Astronaut lebt und arbeitet man mit anderen auf engstem Raum. Egoismus hat auf einer Raumstation keinen Platz!

Die Ausbildung

Beim Astronautentraining wird der Körper in speziellen Programmen auf extreme Umstände und Belastungen vorbereitet. Hierbei werden zum Beispiel Notfallsituationen, Störfälle und die verschiedenen Flugphasen geprobt. Die Ausbildung verläuft in drei Schritten:

Das Mission Control Center (MCC) der NASA für die ISS in Houston, Texas. Ein MCC ist ein Flugkontrollzentrum für die Raumfahrt.

Einjährige Grundausbildung: In diesem Schritt werden Kenntnisse der Raumfahrttechnik, der Weltraumforschung sowie Grundkenntnisse der Medizin vermittelt. Außerdem lernt man, wie die Internationale Raumstation ISS funktioniert und bekommt Tauchunterricht, da der Auftrieb unter Wasser der Schwerelosigkeit ähnlich ist.

Kurs für Fortgeschrittene: Dieser dauert ein weiteres Jahr. Die Astronauten befassen sich noch intensiver mit der ISS und lernen den Umgang mit wissenschaftlichen Instrumenten und Transportfahrzeugen. Außerdem machen sie sich mit der Bodenkontrolle, die den Kontakt zur Raumstation herstellt und deren Arbeit unterstützt, vertraut.

Eine Mission: Die Astronauten bekommen eine Mission zugeteilt, in die sie sich einarbeiten müssen. Dieser speziell auf die Mission ausgelegte Schritt der Ausbildung ist die letzte Phase auf dem Weg zum Beruf des Astronauten.

Der Physiker Stephen Hawking bei einem Parabelflug

Astronauten beim Unter-wasser-Training

Ein Astronaut in einem Flugsimulator

Den Ernstfall proben

Astronauten machen sich in speziellen Flugzeugen mit der Schwerelosigkeit vertraut. Zuerst fliegt man ganz steil nach oben und dann folgt eine Art Sturzflug. So befindet man sich für einige Sekunden im freien Fall. Das kommt dem Zustand der Schwerelosigkeit sehr nahe. Diese Übung wird wegen der Form der Flugbahn „Parabelflug" genannt.

Eine weitere Methode ist das Unterwasser-Training. In einem Wassertank befinden sich nachgebaute Teile von Raumfahrzeugen in Originalgröße. An ihnen wird das Arbeiten geprobt. Bei diesem Unterwasser-Training passen Sicherungstaucher auf die Astronauten auf.

Mit Hilfe von Flugsimulatoren trainieren die angehenden Astronauten Landungen mit einer Kapsel, die einer Original-Sojus-Kapsel nachempfunden ist.

Dank moderner Technik können sich Astronauten auch mit Virtual Reality vorbereiten. Damit fühlt es sich für die Astronauten so an, als wären sie bereits auf der Raumstation oder würden Weltraumspaziergänge machen.

Wusstest du schon, dass man die Flugzeuge für Parabelflüge auch „Kotzbomber" nennt? Denn vielen Teilnehmern wird dabei schlecht.

DAS LEBEN AUF DER RAUMSTATION

Der Alltag eines Astronauten auf der Internationalen Raumstation ISS ist bis ins kleinste Detail geplant. Damit alles reibungslos funktioniert, wird der Tagesablauf gemeinsam mit der Bodenkontrolle auf der Erde festgelegt.

Die Arbeit ruft

Nachdem die Astronauten gefrühstückt haben, besprechen sie zunächst mit der Bodenkontrolle, was zu tun ist. Meist wird viel Zeit für die Wartung und Pflege der Raumstation eingeplant. Außerdem müssen die Raumfahrer wissenschaftliche Experimente sowie Weltraumspaziergänge vorbereiten und durchführen. Auch das Be- und Entladen der Raumtransporter gehört zum Aufgabenbereich der ISS-Crew. Auf diesem Weg entsorgen Astronauten ihre Abfälle und erhalten neue Lieferungen, wie zum Beispiel Essen. In der Regel dauert ein gewöhnlicher Arbeitstag auf der Raumstation 12 Stunden.

Wusstest du schon, dass man auf der ISS 16 Sonnenauf- und -untergänge am Tag sehen kann?

Das leibliche Wohl

Jedes Crew-Mitglied erhält täglich drei feste Mahl-zeiten – ein Frühstück, ein Mittagessen und ein Abendessen. Außerdem stehen für die Astronauten den ganzen Tag über Getränke und Snacks bereit. Da es an Bord kein fließendes Wasser gibt, beliefern Space Shuttles oder Versorgungsschiffe die ISS neben Nahrungsmitteln auch mit Wasservorräten von der Erde. Da ständige Wasserlieferungen viel zu teuer wären, gibt es ein Aufbereitungssystem, mit dem Wasser aus der Luft gewonnen und der aufge-fangene Urin gereinigt und wiederverwertet wird.

Die Schlafsituation

Auf der ISS gibt es keine gewöhnlichen Betten. Die Astronauten verbringen die Nacht in ihren Kabinen in Schlafsäcken. Diese müssen an den Wänden befestigt werden, damit die Schwerelosigkeit nicht dafür sorgt, dass alle Astronauten durch die Raumstation schweben. Damit sich die Astronauten nicht in kürzester Zeit in einer Atmosphäre aus verbrauchter Luft befinden, sorgen Ventilatoren und Lüftungen auf der Station für Frisch-luft. Dieses Belüftungssystem macht allerdings Lärm.

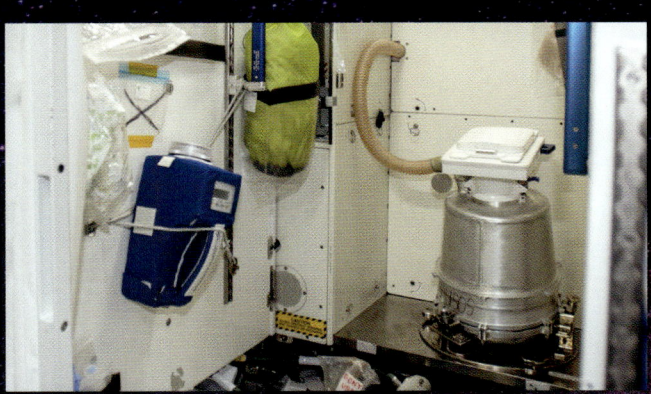

Körperpflege und Toiletten

Nach dem Weckruf ziehen die Astronauten sich direkt an. Sie müssen mit wenigen Kleidungsstücken auskom-men. Sportkleidung wird alle zwei bis drei Tage, Arbeits-kleidung sogar nur alle zehn Tage gewechselt. Die Astro-nauten waschen sich mit Feuchttüchern und putzen ihre Zähne mit essbarer Zahnpasta, die heruntergeschluckt wird. Aber wie spült man die Toilette ohne fließendes Wasser? Ganf einfach: Im All wird nach dem Toiletten-gang nicht gespült – die Ausscheidungen werden von einem starken Luftstrahl weggesaugt.

Sport ist Pflicht

In der Schwerelosigkeit fallen unse-rem Körper Bewegungen viel leichter. Das sorgt allerdings auch dafür, dass unsere Muskeln und Knochen sich weniger anstrengen müssen. Damit sie nicht schwach werden, ist täglicher Sport ein absolutes Muss für alle Astronauten – und das für mindestens zwei Stunden. Hierfür stehen ihnen verschiedene Fitnessgeräte zur Verfügung.

© 2020 design cat GmbH

Genehmigte Lizenzausgabe
EDITION XXL GmbH
Industriestraße 19
64407 Fränkisch-Crumbach 2020
www.edition-xxl.de

Idee & Projektleitung: Sonja Sammüller
Layout, Satz und Umschlaggestaltung:
design cat GmbH

ISBN 978-3-89736-641-1

Bildnachweis:
Picture Alliance: picture alliance/Photoshot 43; picture alliance/ASSOCIATED PRESS|Bill Ingalls 45
Shutterstock: 3Dsculptor 14, 18, 39, 46; AleksandrMorrisovich 24; Alexey Seafarer 17; alireza falahi 2–3; Artsiom Petrushenka 13; Bjoern Wylezich 30; buradaki 14–15, 24–25; Castleski 42–43; CHIEW 28; DeepSkyTX 12; Denis Belitsky 11; Design Beast 42–43; Dudla Vijayanand 29; Fotos593 16; HQuality 44; ibreakstock 29; John A Davis 36; John_Silver 40; Juliya Shangarey 22; Jurik Peter 15; Kokhanchikov 40; Leo Bucher 28; lovely pet 16–17; Lukasz Pawel Szczepanski 12–13; MAV Drone 36–37; max dallocco 17; muratart 13; NASA images 8, 26, 30; Nostalgia for Infinity 20, 30; Oleg_Yakovlev 29; Paolo Tralli 17; Pavel Gabzdyl 37; Pratchaya Ruenyen 46–47; rangizzz 4–5; ROMSVETNIK 32–33; Safar Aslanov 30; Sagittarius Production 8; Sasa Kadrijevic 19; sciencepics 32; shooarts 6; Skylines 13; SkyPics Studio 12, 14, 15, 16, 18, 20, 23, 24, 25, 26, 28; SpaceKris 6–7; timquo 7; Triff 19; Tristan3D 22–23; v1_one 28–29; Vadim Sadovski 14, 18, 20–21, 22–23, 24–25, 26–27; Vector Tradition 9, 10–11, 17, 30, 34, 35; vicspacewalker 45; Vitalii Gaidukov 40; Vladi333 38–39; Vladimir Arndt 20–21; Vladimir Sazonov 9; Vytautas Kielaitis 30–31; Zodar 18–19
Wikimedia: University of California, Berkeley (https://commons.wikimedia.org/wiki/File:Jupiter_3rd_spot.jpg), „Jupiter 3rd spot", als gemeinfrei gekennzeichnet, Details auf Wikimedia Commons: https://commons.wikimedia.org/wiki/Template:PD-Hubble 21; NASA/Voyager 2 Team (https://commons.wikimedia.org/wiki/File:Neptune_storms.jpg), „Neptune storms", als gemeinfrei gekennzeichnet, Details auf Wikimedia Commons: https://commons.wikimedia.org/wiki/Template:PD-US 27; NASA (https://commons.wikimedia.org/wiki/File:Soyuz_TMA-9_landing.jpg), „Soyuz TMA-9 landing", als gemeinfrei gekennzeichnet, Details auf Wikimedia Commons: https://commons.wikimedia.org/wiki/Template:PD-US 39; Arto Jousi / /Suomen valokuvataiteen museo / Alma Media / Uuden Suomen kokoelma (https://commons.wikimedia.org/wiki/File:Yuri-Gagarin-1961-Helsinki-crop.jpg), „Yuri-Gagarin-1961-Helsinki-crop", als gemeinfrei gekennzeichnet, Details auf Wikimedia Commons: https://commons.wikimedia.org/wiki/Template:PD-Finland 40; ESA/ATG medialab (https://commons.wikimedia.org/wiki/File:Philae_lander_(transparent_bg).png), „Philae lander (transparent bg)", https://creativecommons.org/licenses/by-sa/2.0/legalcode 41; NASA/KSC (https://commons.wikimedia.org/wiki/File:Columbia.sts-1.01.jpg), „Columbia.sts-1.01", als gemeinfrei gekennzeichnet, Details auf Wikimedia Commons: https://commons.wikimedia.org/wiki/Template:PD-US 41; NASA (https://commons.wikimedia.org/wiki/File:Mir_sts89_big.jpg), „Mir sts89 big", als gemeinfrei gekennzeichnet, Details auf Wikimedia Commons: https://commons.wikimedia.org/wiki/Template:PD-US 41; NASA (Crew of Skylab 4. (https://commons.wikimedia.org/wiki/File:Skylab_(SL-4).jpg), „Skylab (SL-4)", als gemeinfrei gekennzeichnet, Details auf Wikimedia Commons: https://commons.wikimedia.org/wiki/Template:PD-US 41; Gliu (https://commons.wikimedia.org/wiki/File:A7L_plss.jpg), „A7L plss", als gemeinfrei gekennzeichnet, Details auf Wikimedia Commons: https://commons.wikimedia.org/wiki/Template:PD-US 43; NASA / James Blair (https://commons.wikimedia.org/wiki/File:STS-128_MCC_space_station_flight_control_room.jpg), „STS-128 MCC space station flight control room", als gemeinfrei gekennzeichnet, Details auf Wikimedia Commons: https://commons.wikimedia.org/wiki/Template:PD-US 44; Jim Campbell/Aero-News Network (https://commons.wikimedia.org/wiki/File:Physicist_Stephen_Hawking_in_Zero_Gravity_NASA.jpg), „Physicist Stephen Hawking in Zero Gravity NASA", als gemeinfrei gekennzeichnet, Details auf Wikimedia Commons: https://commons.wikimedia.org/wiki/Template:PD-US 45; NASA (https://commons.wikimedia.org/wiki/File:Meal_STS127.jpg), „Meal STS127", als gemeinfrei gekennzeichnet, Details auf Wikimedia Commons: https://commons.wikimedia.org/wiki/Template:PD-US 47; NASA/Jack Fischer (https://commons.wikimedia.org/wiki/File:Node_3_toilet.jpg), „Node 3 toilet", als gemeinfrei gekennzeichnet, Details auf Wikimedia Commons: https://commons.wikimedia.org/wiki/Template:PD-US 47; NASA (https://commons.wikimedia.org/wiki/File:ISS-27_American_crew_quarters.jpg), „ISS-27 American crew quarters", als gemeinfrei gekennzeichnet, Details auf Wikimedia Commons: https://commons.wikimedia.org/wiki/Template:PD-US 47; NASA (https://commons.wikimedia.org/wiki/File:Frank_De_Winne_on_treadmill_cropped.jpg), „Frank De Winne on treadmill cropped", als gemeinfrei gekennzeichnet, Details auf Wikimedia Commons: https://commons.wikimedia.org/wiki/Template:PD-US 47